歴史文化ライブラリー

188

バイオロジー事始

異文化と出会った明治人たち

鈴木善次

吉川弘文館

目次

「日本の近代化」と「バイオロジー」――プロローグ

文明開化と「掃部さん」

著者が生まれ育った横浜のある丘に、港に向かって立つ「掃部《かもん》さん」と呼ばれて親しまれてきた銅像がある。その銅像の人物とは安政五年（一八五八）日米修好通商条約を締結した彦根藩《ひこねはん》出身の大老井伊直弼《いいなおすけ》（一八一五～六〇）である。この一帯を掃部山公園というが、これは直弼の官職名である掃部頭《かもんのかみ》にちなんでつけられた名称である。銅像は明治四十二年（一九〇九）、直弼を追慕する目的で彦根藩出身有志によって建てられたものであるが、大正三年（一九一四）に横浜市に寄贈された。ただし、現在のものは第二次世界大戦中の金属供出の犠牲となったのち、昭和二十九年（一九五四）開国百年を記念して再建されたものである。尊皇攘夷《そんのうじょうい》の議論が喧《やかま》しかっ

図１　掃部山公園の井伊直弼銅像とランドマークタワー

た幕末、横浜はまだ東海道の宿場神奈川から江戸湾（現在の東京湾）に突き出た海辺の寒村であった。開国によって、現在では日本でも屈指の大都会となっている。

銅像が建てられたころ、その直弼の「眼」には東京湾の様子が映っていたであろう。しかし、今では時々その先端を雲が覆《おお》うランドマークタワーをはじめ、「みなとみらい21」を具現した高層の建造物群がそれを遮《さえぎ》っている。もし、直弼が「生《なま》の眼」でその光景をながめたとしたら、どのように評価するであろうか。「文明開化もここまで進んだか」と眼を細めるか、「これはいささか、行き過ぎだ」と眉をひそめるか。横浜開港の恩人をめぐっては直弼か、それとも開港地を大坂にとか、神奈川宿にとかいう動きなどに対して積極的に横浜を主張した目付岩瀬忠震《いわせただなり》（肥後守、一八一八〜六一）か、そのような問題を提起している歴史家たちもいるが、それとはかかわりなく、休日には多くの観光客が「文明開化」を体感している。

横浜開港

鎖国政策を取り続けた江戸幕府も世界の流れに逆らうことはできなかった。はじめは江戸から遠く離れた長崎という限られた地に窓口を作り、西洋との交流をはかっていたが、江戸に近く、港としても良好な条件の整った横浜にも窓口を設けざるを得なかった。長崎ではオランダ語が西洋からの情報媒体であったが、横浜に港が開かれるころには西洋諸国における勢力地図も塗り替えられ、英語にその座を譲るようになっていた。安政六年に来日し、横浜に設けられた居留地《きよりゅうち》で活動を開始した医者のヘボン（ヘップバーン、Hepburn, J., 一八一五〜一九一一）が、医療に従事しながら慶応三年（一八六七）にわが国最初の和英辞典を完成させたのもその現れの一つである。ヘボン邸の跡地は今では横浜地方合同庁舎となっており、その一角に記念碑が建てられている。ちなみに、ヘボン夫人が開いたヘボン塾が今の明治学院の前身である。

維新後、明治政府は欧米から多くの科学者や技術者を招いている。いわゆる「お雇《やと》い外国人」である。その中にはヘボンと同様に横浜に暮らしたものも多い。地震学の緒を開いたミルン（Milne, John, 一八五〇～一九一三）もその一人であり、横浜で経験した地震がそのきっかけになっている。世界最初の地震学会が創られたのは日本においてであり、ミルンをはじめ東京大学の研究者を中心に活動が開始されている（明治十三年、日本地震学会創立）。横浜には居を構えなかったが、東京大学で動物学を講じたエドワード・モースはそのお雇い外国人科学者の代表的存在である。

近代化ということ

ところで、本書は日本の近代化とバイオロジーの関係を跡づけ、その意味を検討することを目指したものである。したがって、その前提として日本の「近代化」とはいかなるものなのか、また「バイオロジー」とは何かを明確にしておく必要があろうが、前者の「近代化」についてはここで深く論じることは差し控え、これまで多くの著作で論じられていることを踏襲することにしたい。すなわち、「近代」を時代的に規定すれば明治維新から第二次世界大戦のころまでであり、社会のしくみからいえば、封建制《ほうけんせい》社会のあとを受けた資本主義社会の時代を指している。その資本主義社会を生み出したのが西洋であるとすれば、「近代化」はまさに西洋化であったといえよう。西洋では十八世紀後半からはじまった産業革命以来、科学技術の発達も見られ工業化が進み、その影響もあって資本主義社会が登場した。明治元年、『訓蒙窮理図解《くんもうきゅうりずかい》』なる著書を公《おおやけ》にした福沢諭吉《ふくざわゆきち》は「陸蒸気《おかじょうき》」（蒸気機関車）に眼を見張り、科学文明の素晴らしさを称《たた》え、そうした技術の発達の背後にある科学的合理性を日本人も早く身につけることの必要性を説いている。

横浜の街を歩くと日本最初というものが眼につく。ただし、ガス灯、ビール工場、電信など当時の西洋科学技術の導入という点においての話である。福沢が驚いたという陸蒸気も、指導に当たったお雇い外国人技師のイギリス人エドモンド・モレル（Morell, E., 一八四一～七二）が過労のためこの世を去った明治四年の翌年、新橋から横浜までの運行を開始している。今ではその起点の汐留《しおどめ》には高層ビルが建ち並び、そこからお台場方面に向かうモノレール「ゆりかもめ」がスタートしているし、終点の桜木町付近は「みなとみらい21」に姿を変えている。まさに日本の近代化は科学文明への志向であった。

バイオロジーとは

次に一方の主題「バイオロジー」についていくらか言及しておこう。

著者が関係していたいくつかの大学の学生に「バイオロジー」という言葉を知っているかと聞いたことがある。文科系の学生であったためか、はじめは「わからない」学生がほとんどであった。しかし、あとで理科系の学生に尋ねたときもほぼ同様。もちろん、「バイオロジー」といわずに「生物学」といえば反応はよい。また、「バイオ」というとこれも違った意味で反応がよい。この方は今流行の「バイオテクノロジー」の略として使われているからであろう。ごく最近では、「バイオテロ」などという物騒な言葉まで飛び出している。

二つの伝統～博物学と生理学

バイオロジーを英語のスペルで示せばbiologyであり、このうち、bioはbios（生命の）、logyはlogos（学問）というギリシャ語起源の言葉である。このbiologyなる言葉は十九世紀になってから創《つく》られたもので、それまで生命に関する学問は主として博物学（自然誌）と生理学という言葉で表される分野から成り立っていた。博物学（natural history）は植物や動物のほか鉱物や岩石なども研究の対象としていた。生理学（physiology）ははじめは人間が対象であり、医学の基礎でもあったが、のちに動物も対象とするようになる。博物学も生理学もその起源は遠く古代ギリシャに求めることができる。哲学者として有名なアリストテレス（Aristoteles, 紀元前三八四～三二二）はすぐれた動物学者でもあり、現在の動物分類の基礎を作った人物として評価されている。また、医者のガレノス（Galenos, 一二九～二〇一頃）も生理学者としてその名を馳《は》せている。しかし、読者の中にはガレノスという人物をご存知の方は少ないであろう。彼はギリシャ末期にローマを舞台に活躍しており、十六世紀にまで影響を与えた生理学書『諸部分の効能』や『解剖学の処方など』を残している。彼は、血液は肝臓で作られ、そこで生きる力の一つである自然精気（自然プネウマ）なるものが取り入れられ、静脈を通って全身に運ばれると考えていた。しかし、ある動物実験で、当時、肺から取り込んだ生命精気（生命プネウマ）を全身に運ぶパイプであると考えられていた動脈にも血液があることを知り、一部の血液は心臓の右心室と左心室間の隔壁にある小さな孔《あな》を通して動脈にも流れるという考えを述べた。もし、そのような孔があいていたら大変、今ならすぐ手術となるであろう。それが否定されたのは、宇宙観を百八十度転換させたといわれるコペルニクス（Copernicus, 一四七三〜一五四三）の著書『天体の回転について』が出された一五四三年に、イタリアの解剖学者ヴェサリウス（Vesalius, 一五一四〜六四）が『人体の構造について』なる著作を公にしたことによる。彼はみずから人体を解剖し、心臓隔壁の「孔」の有無を調べ、ガレノスの本に書かれていることの誤りを見出したのである。ただし、はじめ彼はガレノスを信じ、「孔」の存在を確認するつもりであったようである。それほどガレノスの権威は大きかった。

神によるデザイン論

その後、生命現象についての研究は十七世紀から十八世紀にかけて進展を見る。生理学の分野では医学の基礎としての生理学から一般的な生命現象追求の基礎としての生理学へと変化する。すなわち、人間と動物との共通性が認識されるようになるのである。今のわれわれには当たり前の認識であるが、神と人間と自然（動物・植物・鉱物など）とを厳密に区別するという自然観を持つキリスト教の文化圏では人間と動物の壁を破るのはなかなか難しいものである。一方、博物学は地球上の動物や植物の種類分けに力が注がれる。西欧に他の地域からさまざまな生物やそれについての情報が集積されたからであるが、実はここにもキリスト教の影響があった。すなわち、すべての生物は神の被造物であり、それらは神によって描かれたデザインのもとに存在するものである。したがって、動物や植物の分類をすることは、そのデザインがどのようなものであるかを明らかにすることになり、結果として神の御心《みこころ》に接することになる。スウェーデンのリンネ（Linne, C. 一七〇七～七八）が植物分類に力を入れた理由でもある。このような考えはすでに十七世紀に近代科学の第一歩を印したとされるガリレイ（Gal-ilei, Galileo, 一五六四～一六四二）やニュートン（Newton, I., 一六四二～一七二七）たちに見られていた。彼らも神がどのようなルールの下で宇宙を創造したかを知る目的で研究した。ニュートンは万有引力の法則を見出したとき、それを神の英知の証拠であると神を称えたという。しかし、近代科学の発達は神の英知を称えることから別の方向へ進むことになる。ニュートンの発見はそれ以前のデカルトによって示されていた「自然は一つの機械である」という考えをさらに強めることになり、結果として神の立場を、「宇宙の設計技術者」の地位に後退させ、やがて無神論をも生み出させることになる。植物や動物の分類においても神によるデザイン論への疑問を発する人も現れた。十八世紀末、フランス革命に巻き込まれたラマルク（Lamarck, J. B. P. de M. C. de, 一七七四～一八二九）という博物学者もその一人である。彼は無脊椎《むせきつい》動物の分類をきっかけに生物進化の考えを抱くようになり、その成果を『動物哲学』（一八〇九年）として公にした。ここからも植物、動物、人間の共通性が感じ取られてくる。

さらに、十八世紀末までに物理学や化学の進歩もあって生命現象についてもこれらの分野の方法論や法則などを採用した研究が目指されるようになる。現在では酸素の結合で説明される肺における血液の色の変化を毛細血管の壁における摩擦熱の発生の結果であると論じたイギリスのヘールズ（Hales, S., 一六七七～一七六一）のような研究者もいたほどである。彼はいわゆるニュートニアンと称されるほどニュートンの考えに影響を受けていた人物で植物体内における水の移動も物理学的に説明しようと試み、その考えを『植物静力学』(一七二七)なる著書で述べている(図2)。

「生物学」と「バイオロジー」

かくて、十九世紀になり、植物、動物、人間などの生命現象を共通なものとして認識し、それを研究する学問としてbiology(以後、「生物学」という訳語を用いる)が提唱されたのである。以来、生物学は生命現象の基本を求めて研究を進め、基本的構造が細胞であること、また、基本的な機能と

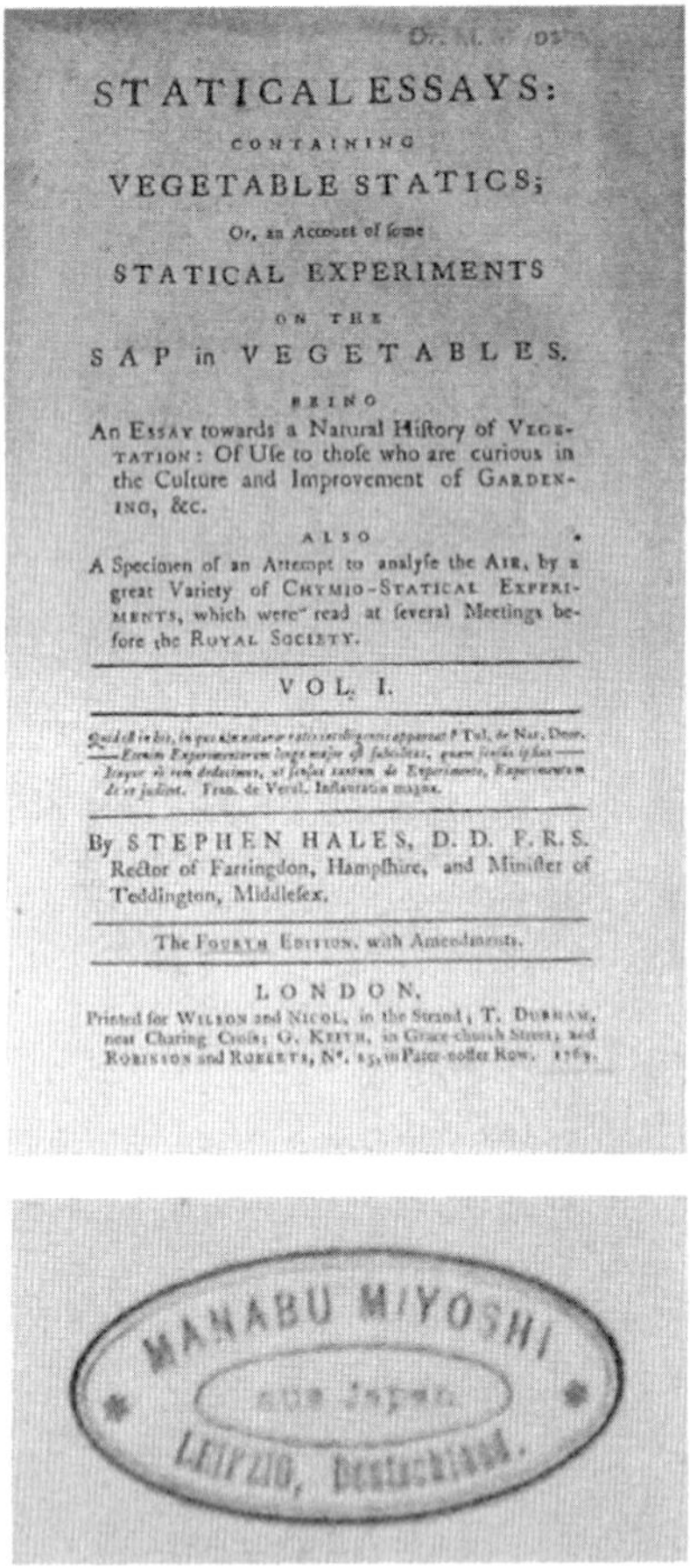

STATICAL ESSAYS:
CONTAINING
VEGETABLE STATICS;
Or, an Account of some
STATICAL EXPERIMENTS
ON THE
SAP in VEGETABLES.
BEING
An ESSAY towards a Natural History of VEGETATION: Of Use to those who are curious in the Culture and Improvement of GARDENING, &c.
ALSO
A Specimen of an Attempt to analyse the AIR, by a great Variety of CHYMIO-STATICAL EXPERIMENTS, which were read at several Meetings before the ROYAL SOCIETY.

VOL. I.

By STEPHEN HALES, D. D. F. R. S.
Rector of Farringdon, Hampshire, and Minister of Teddington, Middlesex.

The FOURTH EDITION, with Amendments.

LONDON,

図2　植物生理学者三好学がドイツ留学中に買い求めた『植物静力学』(第2版)。上図は扉，下図は三好の蔵書印。

して細胞核の中のＤＮＡを司令塔にするさまざまな化学反応が多様な生命現象を演出していること、さらにそれらが数十億年という長い時間を過去に持っていることなどを明らかにした。

以上、生物学という名のもとに生命現象が捉《とら》えられるようになった経緯を簡単に紹介した。おそらく、読者の中にはなぜ、本書のタイトルに生物学という訳語を使わずに、「バイオロジー」というカタカナを用いるのかと疑問に思われる方もおられるであろう。生物学は生命現象の解明を目指すものであるが、その結果得られた知識は人々の生命観や人間観、さらには人生観や世界観など思想面に影響を与える可能性が大きい。また、人間の生活面にも影響を与える。例えば、医療、食糧、さらには環境面においてである。最近ではクローン技術や臓器移植技術、あるいは遺伝子組み換え食品などの登場で、その関連性は深まっている。その場合、生物学は純粋な科学の世界を越える。いまや生物学は社会的問題を含めて応用科学的分野をも視野に入れて検討する必要がある。その意味で「バイオロジー」という表現を用いるのである。この西洋起源の、いわば異文化としてのバイオロジーを明治の人々はどのように受けとめたか。それによって人々の考えや生活はどう変化してきたか。それらを読者の皆さんとともに考えてみたい。

バイオロジーの受容

訳語をめぐる状況

バイオロジー受容の状況

そこでまずバイオロジー受容の状況を概観しよう。すでに述べたように バイオロジーは西洋起源の学問、広くは異文化である。一般に、そうした異文化の受容の方法は書物などを通して間接的に、あるいは異文化に通じている人から直接的に行なわれる。バイオロジーの場合にも関連する種々の書物が西洋の地から取り込まれたし、西洋から専門家が来日した。また、日本から西洋の地に直接多くの研究者や学生たちが留学した。

バイオロジーが西洋起源であれば、受容に当たって当然問題になるのは西洋の「言葉」の理解である。すでに中国や朝鮮から本草学《ほんぞうがく》、医学、農学などが伝来し、それによって生命現象に関連する知識とそれにかかわる言葉が普及していたが、新たに多くの言葉を訳出しなければならなかった。日本の科学の発達や一般への科学知識の高い普及率を支えている背景には、幕末から明治初期にかけて学術用語の訳語作りにかけた人々の努力があったといわれている。そのいくつかの事例を紹介しよう。

蘭学事始〜『解体新書』の訳語

その代表格はよく知られた杉田玄白《すぎたげんぱく》（一七三三〜一八一七）や前野《まえの》良沢《りょうたく》（一七二三〜一八〇三）たちによるドイツ人クルムス（Kulmus, J. A.）の書いた解剖図譜のオランダ語訳『ターヘル・アナトミア』翻訳の仕事であろう。その成果は『解体新書《かいたいしんしょ》』として安永三年（一七七四）に世に出されたが（次ページ図3）、その苦労話は晩年の杉田玄白によって『蘭学事始《らんがくことはじめ》』（上下二巻）としてまとめられている。このあたりの様子は杉本つとむ氏の『解体新書の時代』（早稲田大学出版部、平成九年〈一九九七〉）に詳しい。今、私たちが普通に使っている「神経」や「軟骨」などという言葉はこの時の訳語のようである。『解体新書』の本文は漢字の連続で読みにくいが、現代人にもわかりやすいように仮名交じりの文になおされた『解体新書解説』が原本の復刻にあわせて出版された（小川鼎三監修、大鳥蘭三郎校註、講談社、昭和四十八年。なお、酒井シズ訳『解体新書・全現代語訳』講談社学術文庫、〔新装版〕平成四年が入

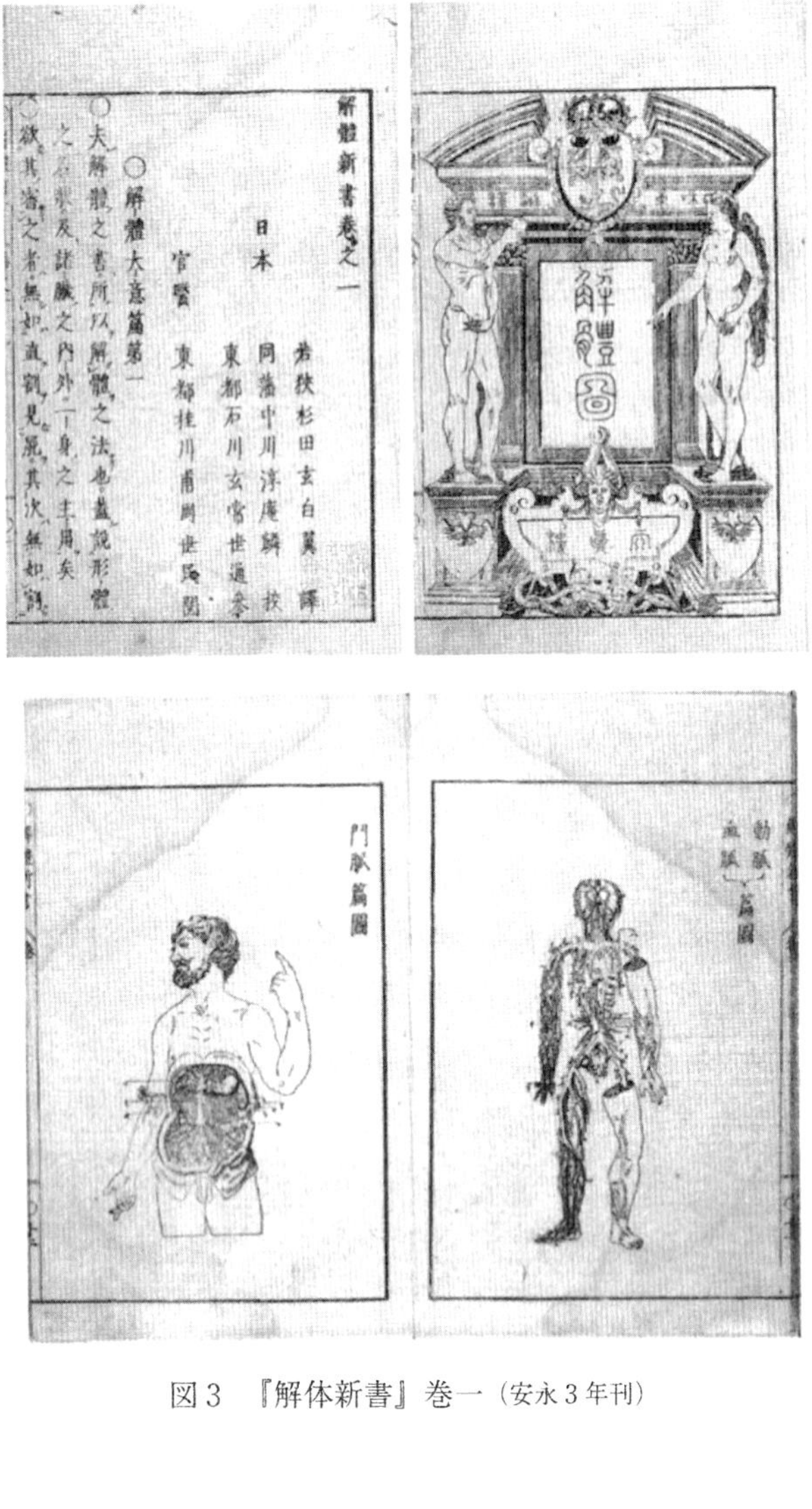

図3　『解体新書』巻一（安永3年刊）

手しやすい)。それを見ると「巻の二」の「格致篇第三」のところに「世奴(セイニー)。ここに神経と翻す」という文がある。セイニーとはオランダ語の zenuw のことである。また、同じところに「価題斂(ベンデレン)。ここに骨と翻す」「加蠟仮価(カラカベン)。ここに軟骨と翻す」という文もある。ベンデレンは beenderen、カラカベンは kraakbeen のことである。

この訳に関して『解体新書』の「凡例」の中に次のような説明がある。

「訳に三等あり。一に曰《いわ》く翻訳、二に曰く義訳、三に曰く直訳。和蘭呼びて価題験(ベンデレン)と曰《い》う者は、即《すなわ》ち骨なり、則ち訳して骨と曰うが如《ごと》きは、翻訳これなり。また、呼びて加蠟仮価(カラカベン)と曰う者は、骨にして軟らかなる者を謂《い》うなり、加蠟(カラカ)とは鼠《ねずみ》の器《うつわ》を嚙《か》む音の如く然《しか》るを謂うなり、蓋《けだ》し義を脆軟に取る、価は価題験の略語なり、則ち訳して軟骨と曰うが如きは、義訳これなり。また、呼びて機里爾(キリイル)と曰う者、語の当《あ》つべきなく、義の解すべきなきは、則ち訳して機里爾と曰うが如きは、直訳これなり。余の訳例は皆かくの如し。読む者これを思え」(前出の復刻本解説書より)。

これによれば「軟骨」は義訳であることが知られるが、「神経」も義訳であり、彼らは

「神気の経脈」という意味で「神経」と名づけたという。「神気」とは「不思議な霊気」「気力」「活力」などをいう。なお、直訳の例として示されている機里爾は klier で、現在では「腺」と訳されている。このような当て字は翻訳や義訳された言葉にもはじめは使われている。例えば、「動脈」と訳された slag-ader には「私刺古亜題爾」（スラクアデル）という漢字が当てられていたもの。「動脈」という言葉は中国で使われていたもの。ついでだが、「静脈」は中国では「青脈」、『解体新書』では「何児亜題爾」（ポルアデル）とあり、「血脈」と訳されている。いずれにせよ、辞書を片手にしてでさえ、翻訳の仕事のきつい著者には、杉田たちの努力に頭がさがる思いである。

田中芳男～爬虫類の造語者

「生物学」を大きく分けると「植物学」と「動物学」とになるが、英語でそれぞれ botany と zoology と呼んでいる。これらを江戸時代、「植学」「動学」と訳した人物がいる。蘭学者の宇田川榕庵《うだがわようあん》（一七九八～一八四六）であり、前者に関しては『植学啓原《しょくがくけいげん》』（天保五年〈一八三四〉）という名著を公《おおやけ》にしている（矢部一郎『復刻と訳・注　植学啓原＝宇田川榕庵』講談社、昭和五十五年が参考になる）。

ところで、botany を「植物学」と訳したのは中国にいたイギリス人ウイリアムソンである（『植物学綱要』、一八四一年）。これに対してzoologyを「動学」でなく、「動物学」としてはじめて使用したのは、ここに取り上げる田中芳男《たなかよしお》（一八三八～一九一六）であり、彼の著『動物学』（明治七年〈一八七四〉）においてである（上野益三『博物学者列伝』八坂書房、平成三年〈一九九一〉、田中の項）。

田中芳男は信州飯田の陣屋の生まれ。嘉永三年（一八五〇）名古屋の本草家伊藤圭介《いとうけいすけ》（一八〇三～一九〇一）に師事した人物で、明治博物学界の中心的存在として評価されている。また、あとで取り上げる博物館や動物園など科学教育の普及の面でも大いに活躍している。

上野によればこの本はドイツ人ブロンメが書いた『博物図説』（原著不明とのこと）の中の動物の部を抄訳したものであり、内容は主にフランスの比較解剖学者で、化石学者のキュビエ（Cuvier, Georges, 一七六九～一八三二）の方式に従って動物分類を紹介したもので「爬虫類」なる言葉をはじめ、彼によるいくつかの造語が含まれているという。

そのキュビエは『動物界（Le Règne Animal）』（一八一七年）なる著作で、動物を脊椎動物《せきついどうぶつ》（Vertebrata）、軟体動物（Mollusca）、関節動物（Articulata）、放射動物（Radiata）の四つの群に分け、そのうちの脊椎動物をさらに哺乳類（Mammalia）、鳥類（Aves）、爬虫類《はちゅうるい》（Reptilia）、魚類（Pisces）の四つの綱に分類している。なお、この時点では爬虫類の中にカエルなどの両生類（Amphibia）が含まれていた。

ところで、田中が爬虫類と訳したラテン語 Reptilia はもともとは「這うもの」という意味の言葉からきたもの。彼はそれに「爬」と「虫」という字を当てた。漢和辞典によれば、前者の「爬」は「爪」（手）と「巴」（平らな面を押し当てる）の会意兼形声文字《かいいけんけいせいもじ》であり、「手でひっかく」という意味。そこから「手と足で地面をかくようにして歩く」という意味が出てくることになる。一方、「虫」は「へびの形を描いた象形文字」でマムシのことであるという。蟲はその会意文字で、多くの蛆虫《うじむし》を指し、転じていろいろな動物を表すという。私たちが知っている爬虫類にはへビのほか、カメ、ワニ、トカゲ、そしてあの巨大な恐竜の仲間が入る。ヘビやトカゲにはぴったりの言葉であるが、恐竜にはどうも「虫」という字はピンとこないのは著者だけだろうか。

以上、杉田玄白、田中芳男を事例にして異文化の吸収と普及に際しての訳語作りの状況の一端を紹介した。それぞれに苦心のあとを感じるのだが、あるいは彼らにとって適訳を見出すことは楽しみであったのかもしれない。

西洋人から日本人へ

本章の導入でも述べたように、異文化の受容にあたって政府がその必要性を認識したときにはできるだけ効率的に組織的に行なう手当てがなされる。

外国人指導者と留学生

実際には大学など教育・研究機関の設置がなされ、そこでの指導者として国外からその専門家、いわゆる「お雇《やと》い外国人教師」を招くいっぽう、日本からは留学生を派遣して異文化の吸収に努めさせた。バイオロジーに関しても同様であった。ここでは、教育・研究機関の設置と関連させながら、はじめに「お雇い外国人教師」について、ついで日本人留学生について、何人かの事例をあげて当時の様子をながめてみよう。

お雇い外国人

近代化をはかる過程で日本の政府および民間が指導者として招いた外国人、いわゆる「お雇い外国人」（政府雇いの場合は「御雇い外国人」というように「御」は漢字を使うそうである）の数は、政治、法制、軍事、経済、金融、産業、交通、教育、学術など幅ひろい分野にわたって、明治年間を通じ三千人にも達した。政府雇用では明治七、八年（一八七四、七五）ごろに約五百八十人になり最高の数になったが、のちには民間雇いの方が政府のそれよりもうわまわった。文部省雇いの、いわゆる「御雇い外国人教師」はドイツ人が最高の百三十六人、イギリス人七十九人、アメリカ人六十七人、フランス人四十三人などとなっていて、医学などを含めた自然科学分野でも同様の傾向である。政府が彼らを通して欧米の学問の導入に熱心だったことは彼らに対する待遇が桁外れに良かったことからもうかがえる。明治十一年の東京大学事務章程には「外国教員ニ金三百五拾円以上ノ月給ヲ与フル事」とあるが、ちなみに内務卿の大久保《おおくぼ》利通《としみち》の月給が五百円、民間の職工が五円から六円。あとで取り上げるモースは規定どおりの三百五十円であった。

しかし、はじめのころの彼らに対する評価は必ずしもよいものばかりではなかったようである。明治七年の『郵便報知新聞』（のち『報知新聞』）には次のような記事が載ったと

いう（小野秀雄編『新聞資料明治話題辞典』東京堂出版、平成七年〈一九九五〉）。

「それ外人の狡猾なる言をまたず、福沢先生等は在留の外人中一個の頼むべき人物無しとせり。ヒイキ目にこれを見て玉石混淆なりとせり」（一一月七日号）。

いろいろ身元を偽《いつわ》って官庁に採用されることを企《たくら》んだ外国人もいたようである。

貝塚に魅せられたモース

さて、著者が学生時代、大学へ通う車中から大森駅付近でしばしば目にした記念碑がある。この記念碑には「大森貝塚」という文字が刻まれていた。すぐ近くにもう一つの記念碑があって、いずれも明治の初期にこの地で貝塚が発見されたのを記念して昭和四年（一九二九）と翌五年に建てられたものである。国の史跡となったのはそれから二十五年後の昭和三十年、まさに著者が車窓から眺めていたころである。ご承知の読者も多いと思うが、その貝塚を発見したのがアメリカ人動物学者エドワード・シルベスター・モース（Morse, E. S., 一八三八～一九二五）であり、東京大学の初代動物学教授となった、いわゆる御雇い外国人教師の一人である。もちろん、彼はれっきとした経歴の持ち主。アメリカ・メイン州の生まれで、ハーバード大学の動物学者ルイ・アガシー（Agassiz, Louis, 一八〇七～七三）に師事した人物である。その彼がどのようにしてその職についたか。モースについての研究は数多い。科学史の視点では先の上野の研究のほかに渡辺正雄氏、磯野直秀氏などの研究がある。それらに従って経緯を簡単に紹介しよう。

彼は日本沿岸の腕足類《わんそくるい》の研究を目的に明治十年六月に横浜につき、日本での研究調査に当たっての便宜をうるために文部省の学監（一八七三年から一八七九年まで）をしていたアメリカ人のデビット・マレー（Murray, David, モルレーともいう。一八三〇～一九〇五）への紹介状を携《たずさ》え、彼に会うためにはじめて東京へ向かった。先の貝塚の発見はそのときの車窓からであった。モースは腕足類の研究のほかにこの貝塚の研究にも魅力を感じ、長期滞在の機会を持つ方向に心が動いていたようである。ちょうどその年に開学された東京大学理学部では、まだ動物学教授が決まっていなかった。予定ではモースと同じくアガシーの弟子のジョーダンが候補者となっていたそうである（上野）。マレーの勧めもあって日本滞在中のモースがその職につくことになった。

モースの東京大学での在任期間は約二年（一八七七～七九）であった。アガシーの下で身につけた動物学、そしてときあたかも関心事であった進化論を学生たちに教授した。進化論に反対の立場を表明していた師のアガシーとは逆に、モースは積極的に進化論を支持した。九回にわたる進化論の講義内容は学生の一人石川《いしかわ》千代松《ちよまつ》によって記録、訳出され、

『動物進化論』（明治十六年）と題して出版された。

なお、モースは明治十一年、日本での生物学関係の学会としてははじめての東京大学生物学会を組織し、研究者間の交流をはかった。会長にはあとで取り上げる初代東京大学植物学教授の矢田部《やたべ》良吉《りようきち》が就任した。しかし、明治十五年に伊藤圭介《いとうけいすけ》らによって東京植物学会が作られるに及び、明治十八年には東京動物学会と改称することになる。以来、物理学会とか化学会などと同レベルでの生物学関係の学会は組織されないまま、日本動物学会、日本植物学会が並存することになる。そのことがのちの日本の生物学研究に何がしかの影響を与えたことは十分考えられることである。

ドイツ流生物学の紹介者ホイットマン

モースの帰国後、二代目の動物学教授となったのがボーディン大学卒業後、モースと同じくアガシーの指導を受けたアメリカ人のホイットマン（Whitman, C. O., 一八四二〜一九一〇）であった。一八七五年から七八年までドイツのライプチッヒ大学に留学し、ロイカルト（Lauekart, K. G., 一八二二〜九八）のもとで当時アメリカより進んでいた動物学を学び帰国し、その翌年、モースの推薦によって東京大学教授に赴任した。彼はモースが野外に出て生物の観察や採集を重んじたのに対して、実験室を主にして顕微鏡を使用するなどドイツ流の研究方法を学生た

図4　ヒルゲンドルフ

ちに身につけさせることをめざした。しかし、こうした顕微鏡や図書の整備をめぐって大学当局の対応の悪さに不満を抱き、対立することになる（ホイットマンについては、渡辺政雄・小川眞里子・中村美子「お雇い教師C・O・ホイットマンの生涯と活動」『生物学史研究』二十八号、昭和五十年などに詳しい）。

森鷗外を教えたヒルゲンドルフ

ところで、東京大学理学部に動物学教室ができるよりも前に、動物学者で御雇い外国人教師がいた。それがドイツのヒルゲンドルフ（Hilgendorf, F. M., 一八三九〜一九〇四）である。彼はチュービンゲン大学で地質学、古生物学を学んだあと、ベルリン動物学博物館、ハンブルグ動物園、ドレスデン図書館に勤務し、三十三歳で来日し、東京医学校（のちに東京大学医学部になる）の予科で明治六年から明治九年までの三年間、多くの医学生を対象に数学、ドイツ語、幾何学、博物学、植物学、理学階梯《りがくかいてい》などを教えた。上野によれば、医学校にドイツ人の動物学者を採用したのは近代医学の中心となりつつあったドイツ医学を範とするという文部省の方針の一環として自然のなりゆきであったという（前出、上野『博物学者列伝』）。ちなみに彼の月給は四百円という記録が残っている。

では、彼は日本の学生たちにどのような影響を与えたのであろうか。学生たちのほとんどが医者の卵であり、動物学者として身を立てるものは少なかったが、その中で影響を受けた人物がいる。のちに東京水産大学（現在、東京商船大学と合併し東京海洋大学）になる水産講習所の初代所長になった松原新之助《まつばらしんのすけ》（一八五三～一九一六）がその人である。魚類研究に力を入れていたヒルゲンドルフの弟子として水産学への関心を高め、日本の水産教育の先駆者となったのである。

なお、最近ヒルゲンドルフに関して興味ある研究を生物学史家の矢島道子氏が行なっている。東京医学校の学生だった森鷗外《もりおうがい》がヒルゲンドルフの講義を受けており、そのノートを発見し、その内容からヒルゲンドルフがそこで進化論を教えたことを確認されたのである（矢島道子「お雇い外国人教師ヒルゲンドルフ」『科学史研究』二一八号、平成十三年）。これは、東京医学校のようにまもなく大学に改組されたところも大学に含めるとすれば、従来、日本の大学で最初に進化論を講義したのは前出のモースであるといわれていたことを否定することになる。それはともかくとして、問題は森鷗外を含めて、それを聞いた学生たちがどのような影響を受けたかということであるが、矢島氏によればほとんど直接的な影響はなかったようであるという。

日本人留学生の動向

明治三年、文部省は欧米の科学技術を積極的に取り込むに当たって、御雇い外国人科学者に頼るだけでなく、日本人留学生を派遣することを決定した。それより先、幕末には幕府が公には海外への留学を認めていなかったにもかかわらず、長州藩や薩摩藩などでは欧米の文物を積極的に取り入れ、近代化をはかることをめざし、長州藩では文久三年（一八六三）に伊藤俊輔《いとうしゅんすけ》（博文）ら五人の若き藩士をロンドンへ、また二年後の慶応元年（一八六五）には薩摩藩が同じくロンドンへ十数名の藩士を留学させている。この方針が薩長を中心とする明治新政府に受け継がれたわけである。

さまざまな留学生

留学生の派遣先はイギリス、フランス、ドイツ、オランダ、アメリカであり、それぞれ当時の最高水準を有すると考えられる分野が決められた。バイオロジーに関連させれば、生物学がフランスとドイツ、医学がドイツ、農学・牧畜学がアメリカ、牧畜がイギリスという具合である。ちなみに、第一陣として横浜の港をあとにした留学生二十数名のうち、十三名がドイツ医学を身につけることを命じられたものであった。その中には日本人としてはじめての医学部教授となった大沢謙二《おおさわけんじ》（一八五二〜一九二七）も含まれていた。三河国《みかわのくに》の大林美濃《おおばやしみの》という神官の四男に生まれ、十一歳のとき豊橋藩《とよはしはん》の侍医大沢玄竜《おおさわげんりゅう》の養子になった大沢謙二は、江戸に出て医学所に学び、医学の道を志したのであった。

留学生は文部省などの官費のほか、公費、私費によるものさまざまであり、明治五年の調査では三百八十名にも達したという。そのためというわけではないが、中には不真面目なものもいたようで、明治六年には官費留学制度が廃止され、そのあおりで大沢謙二も明治七年に一時帰国している。明治八年に文部省は改めて貸費留学生規則を作り、選抜試験の合格者を派遣することにした。この制度による文部省の第一回留学生には東京開成学校在学中の十一名が選ばれている。なお、文部省から派遣された留学生数の年代変化を表わす図（中山茂「国営科学」、杉本勲編『体系日本史叢書・科学史』昭和五十二年、山川出版社）があり、それを見ると大正から昭和にかけて毎年百名台から二百名程度までと急増していて、明治期前半の毎年十数名程度と対照的である。逆に明治期前半の留学生がいかに貴重な存在であり、エリートであったかがわかる。先の大沢も明治十一年に再度ドイツへ留学し、はじめの一年は私費であったが、翌年には文部省の嘱託になり、年間千五百円の支給を受け、当時の世界の指導的地位にあったドイツ医学、生理学を身につけ、明治十五年帰国し、明治十七年から医学部での教育にあたった。あのタカジアスターゼの製造で有名な高峰譲吉《たかみねじょうきち》も明治十三年工部省からイギリスへの留学を命じられて工業化学や電気応用化学を身につけてくるが、彼は工部大学校（のちの東京大学工学部）を主席で卒業している。

なお、明治の中ごろになると留学の意義もいくらか変化し、大学教授のポストを得るための一つの条件になってくる。土星型原子模型の提唱で有名な物理学者長岡半太郎《ながおかはんたろう》（一八六五〜一九五〇）も、東京帝国大学の助教授になった翌年に、早く自分に「いせ参り」の機会が訪れることを期待している手紙を留学中の先輩物理学者の田中館愛橘《たなかだてあいきつ》（一八五六〜一九五二）に送っている。「いせ参り」とは言うまでもなく、海外留学のことである。

ここでは、日本への生物学受容に貢献した初期の二人の日本人留学生を紹介しよう。

東京大学生物学科初の日本人教授
〜矢田部良吉

明治十年に東京大学理学部が発足したとき、そのほとんどが御雇い外国人教師であった。その中で日本人として教授職を担当した一人が前年に東京開成学校教授となっていた植物学の矢田部良吉（一八五一〜九九）である。矢田部は伊豆韮山《にらやま》の医者の子として生まれた。英語力があり、明治二年に開成学校の教官になり、のち外務省に転じ、明治四年には森有《もりあり》礼《のり》に随行してアメリカに渡り、外交官の道を歩みはじめた。しかし、アメリカ滞在中にその道を放棄し、明治五年にニューヨーク州のコーネル大学に入学した。なぜ、彼が方針を変更させたかは上野の調査では明らかでなく、著者も資料などを探したがいまだに不明である。それはともかく、その年に政府は彼を正式な官費留学生として扱うことにし、その後、四年間コーネル大学の学生として生物学、特に植物学を身につける機会を彼に与えた。すでに留学中に東大への就職が約束されていたようである。ただ、彼の場合、官費留学生の一斉帰国命令とどうかかわったのか不明であるが、そのままアメリカに滞在していたわけである。なお、彼が東京大学の教授になったのは二十七歳のとき、現在の教授就任の平均的な年齢を考えると時代の特徴が浮かび上がる。

ところで、彼がコーネル大学でどのような生物学を身につけたか。その一端を知る資料「大学での受講ノート」が国立科学博物館に所蔵されていた。これは矢田部の遺族が著書、手紙類とともに昭和五十年に寄贈したものである（青木国夫他「矢田部良吉資料について」『科学史研究』Ⅱ期十七巻、一一四〜一一九ページ、昭和五十三年）。著者は同僚とその内容を調べてみた。残されていた「ノート」は「植物生理学」「植物分類学に関するもの」「動物学講義シノプシス」「人体生理学及び衛生学講義」などであった。いずれのノートもペンで美しく書かれ、講義を速記したというよりも、あとで清書したという印象を持った。これらのノートのうち、著者らが調べたものは「植物生理学」と「動物学講義シノプシス」であり、それぞれの内容から矢田部が受けた講義が当時のほぼ標準的なものであることがわかった。例えば、植物生理学に関する彼のノートの内容と当時その分野の中心的人物であったアーサー・グレイ（Gray, A., 一八一〇～八八）の書いた教科書の内容とをくらべてみたが、ほぼ同じようなものであった（田中紫枝・鈴木善次「矢田部良吉における植物生理学の受容――明治初期の生物学移植の事例」『大阪教育大学紀要』第Ⅲ部門第三十七巻第一号、昭和六十三年、および梁瀬健・鈴木善次「矢田部ノートを通してみた明治初期の動物分類学の趨勢」『大阪教育大学紀要』第Ⅲ部門第三十八巻第二号、平成元年）。矢田部は当時新鮮な分野である植物生理学も学んできたにもかかわらず、帰国後は主として植物分類学の分野で活躍する。開学したばかりの東京大学植物学教室の状況ではやむを得なかったであろうが、本人の関心事の問題であったかもしれない。日本への植物生理学の導入は、その後明治二十八年にドイツ留学から戻った三好学《みよしまなぶ》（一八六一～一九三九）を中心に行なわれる。

これまで述べたように、東京大学の植物学分野でははじめから日本人教師による授業が行なわれたが、動物学分野ではすでに紹介したモース、ホイットマンという外国人教師に依存した教育が展開されていた。

若き動物学教授 〜箕作佳吉

では、日本人への切り替えはどのような経緯をたどったのだろうか。東京大学が発足し、モースが初代の動物学教授になった明治十年、一人の日本人青年がアメリカ、ニューヘブンのエール大学に入学し、動物学を学びはじめていた。その青年とはのちに日本人としては最初の東京大学の動物学教授となった箕作佳吉《みつくりかきち》（一八五七〜一九〇九）である。

箕作は安政四年（一八五七）、津山藩医箕作秋坪《みつくりしゅうへい》の三男として江戸に生まれた。明治四年に慶応義塾に入学するが、翌年には大学南校に転じている。アメリカへの留学のきっかけは、その南校の英語教師エドワード・ハウス（Edward Howard House, 一八三六〜一九〇一）の帰国であった。明治六年、ハウスにともなって渡米し、コネチカット州ハートフォードの普通学校に入学した。土木工学をめざしていた彼は、明治八年にはトロイのレンサラー工科学校に入学する。先のエール大学への入学はさらにその二年後であった。こうした彼の行動の背後にどのような思いや考えなどがあったか著者にはわからないが、結果として日本における動物学の先駆者としての名誉を手にすることにつながった。もちろん、そのためにはさらに動物学についての研鑽を深める必要があった。実際に明治十二年、エール大学を卒業した箕作は、その年ジョンズ・ホプキンズ大学に入り、のちに細胞学や発生学、あるいは遺伝学で業績をあげるようになるウイルソン（Wilson, E. B., 一八五六〜一九三九）やモーガン（Morgan, T. H., 一八六六〜一九四五）たちを指導した動物学者ウイリアム・ブルックス（Brooks, W. K., 一八四八〜一九〇八）に、さらに帰国する明治十四年にはイギリスに渡り、数ヵ月ではあったが発生学の権威といわれたケンブリッジ大学のバルフォア（Balfour, Francis Maitland, 一八五一〜八二）にそれぞれ師事し、当時の先進的な動物学の一端を身につけてきた。

では、箕作に対して東大への誘いはどのようになされたのだろうか。科学史家の吉田忠氏がアメリカ留学中にモース・コレクションを調べていて、その中に箕作からモースにあてた手紙があることを見つけた。その内容は東大の動物学教授ホイットマンの後任の話に対しての返事であった。彼はすぐに飛びついたのでなく、「これは私が未だお引き受け出来かねる名誉です。こうした席にそのうちにつこうというのは私の最高の望みではありますが、けれども、目下のところ、例えそうした職を私に提示されたところで、お断わりすることになることでしょう」と述べ、辞退の意を示している。吉田氏はこれについて手紙の日付などから箕作がジョンズ・ホプキンズ大学で研究に励み出したときで、いまだ勉学半ばであって、もっと勉強したいということではなかったかと推測している（吉田忠「箕作佳吉のモース宛書簡」『生物学史研究』十五号、昭和四十三年）。

問題はモースと箕作との関係である。吉田氏はこの論文中でモースの世話好きから箕作に持ちかけたのではないかと語っているが、先に紹介した磯野直秀氏は箕作の実兄である東大教授の菊池《きくち》大麓《だいろく》とモースとが親しい関係にあり、帰米後のモースと箕作とは知り合っていたらしいので、菊池から打診を依頼されたのではないかと推測している（磯野直秀「箕作佳吉とAnton Dohrn……三崎臨海実験所の設立」、中埜栄三・溝口元・横田幸雄編著『ナポリ臨海実験所　去来した日本の科学者たち』東海大学出版会、平成十一年）。いずれにせよ、当時、欧米で動物学を学んでいた、ただ一人の日本人であった彼にホイットマンの後任として白羽の矢が立てられることになった。明治十四年末に帰国し、翌年三

図5　箕作佳吉

月に講師、そして九ヵ月後の十二月に教授となった。矢田部よりさらに若い二十五歳のときであった。

矢田部と箕作の共通点

ところで、矢田部と箕作の共通点は、はじめから生物学を学ぶ目的で留学したのではないということである。すでに述べたように、矢田部は外交官の道を、箕作は土木工学をめざしていた。何が彼らの気持ちを変えさせたのか。当時の生物学に彼らをそうさせる何か魅力があったのか。最近、玉木存氏は箕作家に保管されていた資料にもとづき著した『動物学者箕作佳吉とその時代——明治人は何を考えたか』(三一書房、平成十年)の中で、「それがすべてではないが、やはりスペンサーの影響が大きいとみるべきであろう」と推測している。確かに当時、スペンサーの社会進化論を含めて、進化論が注目をあびていた。アメリカでは『ポピュラー・サイエンス』という科学雑誌が創刊され、この雑誌を通してスペンサーの進化思想が広められていた。箕作も矢田部もこれを読み、次第に自然科学の分野に関心を示すようになっていったのであろうという。だとすると、なぜ箕作が動物学で、矢田部が植物学なのかが問題になる。玉木氏もその点が課題であると指摘されている。

専門家から一般市民への普及

日本の近代化が科学文明への志向であるならば、バイオロジーの受容は専門家のみに限定されるべきものではない。その知見を広く人々に広めることが必要である。そのような認識が当時の識者にあったのかどうか。

バイオロジーの普及活動

一般市民がバイオロジーに関する知見を手にするルートとしては、学校教育、博物館や動植物園などの社会教育、あるいは書籍、ジャーナリズムなどがあげられよう。ここでは、明治の受容期におけるそれらの状況を探ってみよう。

明治初期の小学校

はじめに明治初期の小学校の制度をのぞいておこう。明治五年（一八七二）に教育の機会均等、実学の修得などを理念にした「学制」

が公布され、「小学教則」が定められると、それまでの藩校や寺子屋などに代わって小学校が初等レベルの教育を受け持つことになった。小学校といっても現在のものとは違って六歳から九歳までの下等小学校、十歳から十三歳までの上等小学校とに分かれ、合計八年間のものであった。しかし、教育費の受益者負担や学習内容と日常生活との乖離《かいり》などが影響して必ずしも人々に歓迎されなかった。そこに自由民権運動が重なり、政府は「学制」に代わる教育方針を示さざるを得なかった。政府内部での意見対立もあったが、前述の文部省の学監マレーがアメリカの教育行政を参考にして作った案に太政官が手を加え、明治十二年九月に「教育令」として公布した。地方町村の自主性を重んじるなど自由度の大きいものであったので「自由教育令」とも呼ばれた。しかし、それへの反発もあり、翌十三年十二月にはふたたび中央集権的な性格を持った「改正教育令」が公布された。これを受けて明治十四年には小学校は六歳から八歳までが通う小学校初等科、九歳から十一歳までが通う小学校中等科、そして十二歳から十三歳までを対象とした小学校高等科の三つの段階に分けられ、そのうちはじめの初等科は義務とされた。さらに明治十九年には「小学校令」が出され、より義務性が強化された。六歳から九歳までを対象とする尋常小学校と十歳から十三歳までを対象とする高等小学校（人によって二年間、三年間、四年間を選択）に再編し、前者を義務、後者は自由という形をとった。以後、この形がしばらく続く。尋常小学校という名称は著者が小学生になった昭和十五年（一九四〇）まで続いたが、翌年の太平洋戦争の勃発とともにその名称は消え、国民学校初等科となった。戦後、「尋常」という言葉はつかないが、「小学校」という名が復活したことは多くの読者の知るところである。

ところで、学校には指導する教師と使用する教科書が必要になる。文部省は教師養成として明治五年に東京に師範学校を設立し、南校のアメリカ人スコット（Scott, M. M.）にその指導を依頼した。師範学校ではアメリカの教則を模範にした「小学教則」が作られ、それにもとづく教育が展開された。翌年の明治六年には第一回の卒業生十人を送り出し、全国の師範学校に配置している。一方、明治八年には東京に女子師範学校が開校しており、明治十二年に第一回の卒業生を出している。ちなみに、明治八年時点での全国の小学校数は二万四千二百二十五校でほぼ全国的な広がりを見せている。ついでだが、中学校に関しては明治九年に東京師範学校に中学師範科が開校した。明治十二年時点での中学校数が公立百七校、私立六百七十七校という記録がある。

「バイオロジー」関係の教育

では、こうした小学校でバイオロジーに関連する教育はどう展開されたのだろうか。現在であれば、バイオロジー関連の教科としてすぐ思い起こされるのは「理科」「保健」「家庭」などであるが、明治五年のときの教科にはそのようなものは見当たらない。「学制」に示された自然科学系の教科は小学校では「養生法」「地学大意」「理学大意」（「窮理学大意」と改める）「博物学大意」「化学大意」「生理学大意」、中学校では「地学」「理学」（「窮理学」と改める）「博物学」「化学」「植物学」「地質学」「鉱山学」「動物学」「生理学」などである。

ついで、明治十三年の「改正教育令」にもとづく「小学校教則綱領」では中等科で「博物」「物理」、高等科で「博物」「物理」「化学」「生理」とあり、それまで低学年にあった自然科学系のものは初等科ではなくなり、「修身」「読書」「習字」「算術」「唱歌」「体操」のみとなった。特に「修身」を前面に押し出しており、徳育重視という「改正教育令」の性格が浮かび上がってくる。なお、「理科」という教科は明治十九年の「小学校令」によってはじめて登場する。

ところで、「理科」という教科が登場するまで、自然科学系の教科はどれも同じような扱いがされていたのだろうか。実は初期のいわゆる科学啓蒙家といわれる人々は、物理学や化学のような合理的説明が多く見られる分野に関心を示しており、それに欠ける当時の動物学や植物学、広くは博物学にはそれほど関心を持っていなかったようである。

そのような状況下で、バイオロジー関連の教育に用いられた教科書はどのようなものだったのだろうか。明治六年から明治十一年にかけて動物や植物が描かれているアメリカのウイルソン・リーダーの掛図が「博物図」として訳され使用されたり、同じくウイルソン・リーダーから多くを取り入れた『小学読本』が作られ、動物や植物に関する内容が「読み物」として使用された。科学史家で科学教育に独特の活動を展開している板倉聖宣氏がこのあたりを詳しく調査し、報告している（日本科学史学会編、板倉聖宣責任編集『日本科学技術史大系・教育』第一法規出版、昭和三十九年）。

宗教教育としての博物学？

著者の手元に『具氏《ぐし》博物学』という和綴じ本が数冊ある（次ページ図6）。これは明治十年代の博物教科書として有名なものである。第一冊の表紙裏に「明治八年九月、文部省」とあり、はじめのページに「須川賢久訳、田中芳男校閲」と記されていた。田中芳男《たなかよしお》はすでに紹介した人物であるが、須川賢久は海軍兵学寮（当時は東京の築地にあったが、のち広島に移り海軍兵学校になる）から文部省に移った人物。「具氏」とあるが、この原書がアメリカのグードリッチ（Goodrich, S. G.）によ

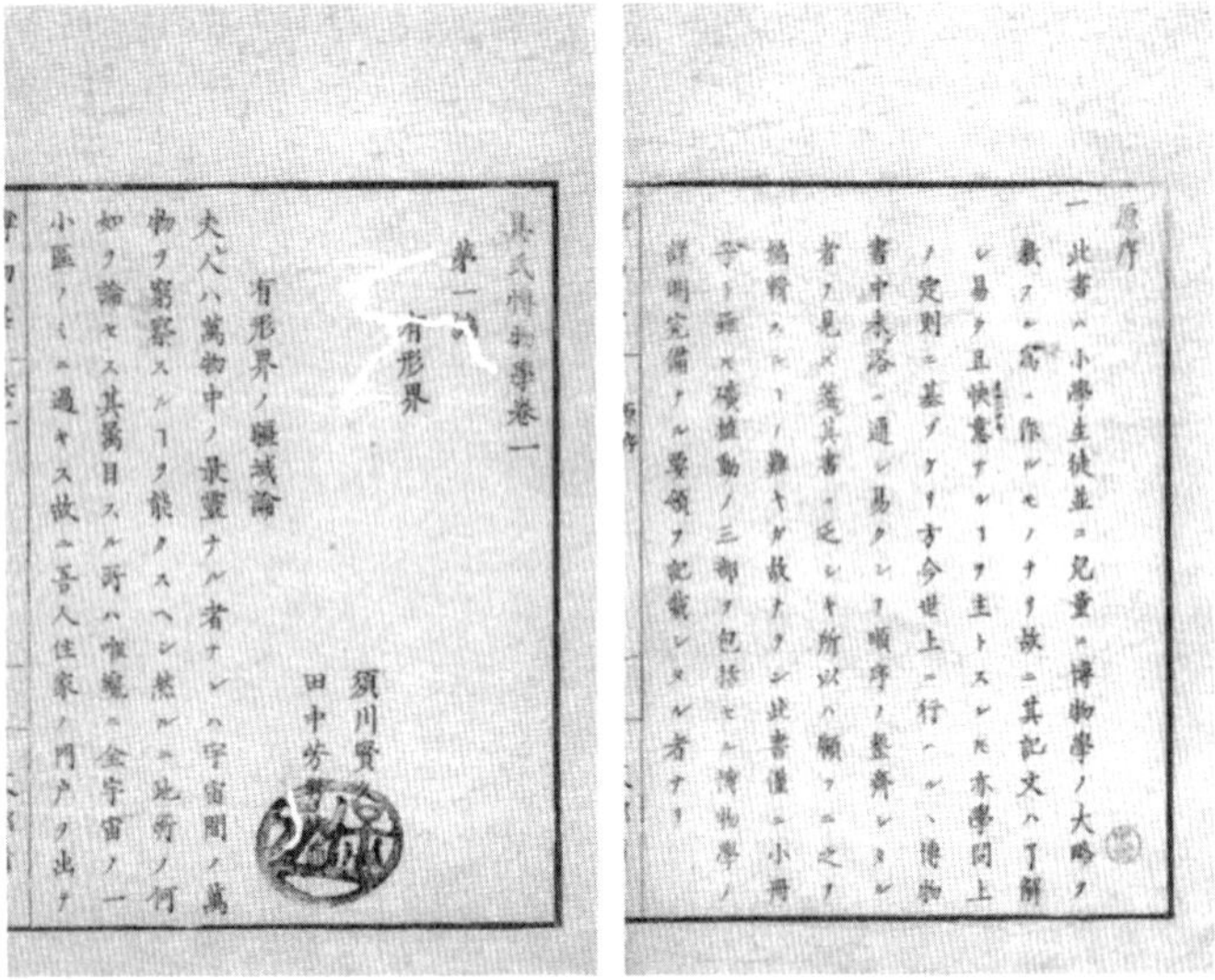
具氏博物學巻一
第一編　有形界
有形界ノ極域論
須川賢久
田中芳男
夫人ハ萬物中ノ最靈ナル者ナレハ宇宙間ノ萬
物ヲ察スルヿヲ能クスヘシ然ルニ此所ノ何
如ク論セス其萬目スル所ハ唯纔ニ全宇宙ノ一
小區ノミニ過キス故ニ吾人住家ノ門戸ヲ出テ

原序
一　此書ハ小學生徒並ニ兒童ニ博物學ノ大略ヲ
教フル爲ニ作ルモノナリ故ニ其記文ハ了解
シ易ク且快意ナルヿヲ主トスレド亦學問上
ノ定則ニ基ヅケリ方今世上ニ行ハルヽ博物
書中未ダ浴ニ通シ易クシテ順序ノ整齊シタル
者ヲ見ズ蓋其書ニ乏シキ所以ハ願フニ之ヲ
編輯スルヿノ難キガ故ナリシ此書僅ニ小冊
子トナス礦植動ノ三部ヲ包括セル博物學ノ
詳明完備ナル要領ヲ記載シタル者ナリ

図6　『具氏博物学』巻一

って書かれたA Pictorial Natural History; embracing a view of the Mineral, Vegetable, and Animal Kingdoms, for the use of schools, 1870, Philaderphia であることから名づけられたものである。

この本の原序（訳文による）には「此書《このしょ》ハ小学生徒並《ならび》ニ児童ニ博物学ノ大略ヲ教フル為ニ作ルモノナリ。（略）方今世上ニ行ハル、博物書中、未ダ浴ニ通ジ易クシテ順序ノ整斎《せいさい》シタル者ヲ見ズ（略）」とあり、この書を出版した動機が示されている。さらに読み進むと、「博物学ノ緊要ナルコトハ弁論ヲ待タズ。恰《あたか》モ門戸ヲ開放シ、世人ヲ延キテ造物主ノ知識ト工業トヲ蓄蔵セル室内ニ入ラシムルガ如シ。故《ゆえ》ニ博物学ハ人ノ智見ヲ恢弘《かいこう》ニシ、心志ヲ広大ニシ、霊魂ヲ高尚ニ為ス所以《ゆえん》ノ者ナリ。抑《そもそも》、天地万物ハ造化ノ著述セル一大部ノ書ニシテ、世人之ヲ読トキハ以テ造化ノ性質ヲ窺ヒ知ルニ至ル可《べ》シ」とあって、神による創造説を前提にした考えが述べられている。ただし、地球の歴史が『創世記』にあるよりも古いということなど当時までに得られていた地質学などの知見を加味して、創造の六日間について「蓋《けだ》シ六日タルハ恐ラクノ一日二十四時ニ非《あら》ズシテ、一日ハ皆数千年間ノモノナルベシ」というように解釈を変更している部分も見られている。

この原書が出された一八七〇年といえば、ダーウインの進化論（一八五九年『種の起源』出版）をめぐって創造論者と進化論者との間での議論が喧《やかま》しかったころである。アメリカの生物学者の中でもアガシーのように進化論を否定していた研究者もいたし、自然史の教育においてもその立場に立つ人が多く見られたようである。グードリッチもその一人であったわけである。

では、文部省は博物学教育を通してキリスト教の普及を考えていたのだろうか。板倉氏によれば、その後に翻訳された『動物小学』（ダヴィッドソン著、松本駒二郎訳、明治十四年）でも宗教色が強いし、その姉妹編の『植物小学』（原書はイギリスのフーカーのものとアメリカのグレイのもの、松村任三訳編）でも原著の進化論の部分を省略し、種の不変説を採用しているという。しかし、進化論を支持しているフーカー（Hooker）のボタニイ（Botany）を訳した『植物学教授本』（三橋淳纂訳、明治十四年）も教科書として出版しているのを見ると、そのような意図があったとは考えられない。

『具氏博物学』の内容は植物、動物などの分類が中心であり、その中でも動物に当てられたページ数が多い。とはいえ、植物の項を見ると、生理学的な内容にもいくらか触れている。十八世紀末から十九世紀はじめにかけての植物生理に関する研究成果、例えば、植物の葉にある気孔でのガス交換などが紹介されている（巻之二第三篇「植物界」「植物論」）。進化論の部分を除けば、ほぼ当時の植物学の状況を反映している著書であるといえよう。しかし、他の翻訳教科書と同様にこれらの内容が当時の日本の小学生にどれだけ理解されたかは大いに疑問である。

明治の授業日誌

当時、各府県の師範学校で教授方法書が出されるようになっていた。その流れの中で独自の教科書を刊行した人物がいる。先に矢田部《やたべ》良《りよう》吉《きち》のところで登場した三好学《みよしまなぶ》である。彼はのちに東京大学の植物生理学の教授として、多方面に活躍している。その彼が明治九年に福井の小学校授業法伝習所（明治十年、学制改革で石川県第三師範学校になる）に入学し、明治十一年に卒業すると、翌十二年の春から十四年東京大学受験のために退職するまでの二年あまり岐阜県の土岐《とき》小学校で教員生活を送った。その間に三種類の教科書を書いているという（安藤裕「『授業日誌』と三好学」、長谷川栄・新井孝喜「三好学『授業日誌』解説」、岩村町教育委員会、平成五年）。その一つに『生理小学』というのがある。安藤氏の紹介にもとづくと、明治十三年刊で、内容として総論に人体論、骨、筋肉、血、皮膚、爪及び毛、脳、神経、肺臓、心臓、胃腑、腸、歯、そして五感の感覚器などが、さらに付録として摂生心得があげられているという。安藤氏は当時の西欧の生理学書が底本となっているのだろうと述べている。

　生理学関係では当時多くの府県で小学校の「人体生理」用教科書として指定され、広く使われたものがある。それは『初学人身窮理《しょがくじんしんきゅうり》』（アメリカの医者カットルの本を訳したもの。訳者は松山棟庵・森下岩楠で、明治九年に慶応義塾出版社、全二巻）であるが、目次には「骨」「肉」「歯」「消化ノ道具」「循環ノ道具」「レインパ管」「分泌ノ道具」「栄養」「呼吸ノ道具」「体温」「音声ノ道具」「皮膚」「神経」「五官」「健康法」「病ヲ除ク」「看病人ノ心得」とあり、三好の『生理小学』の内容に似ているという印象を持つ。

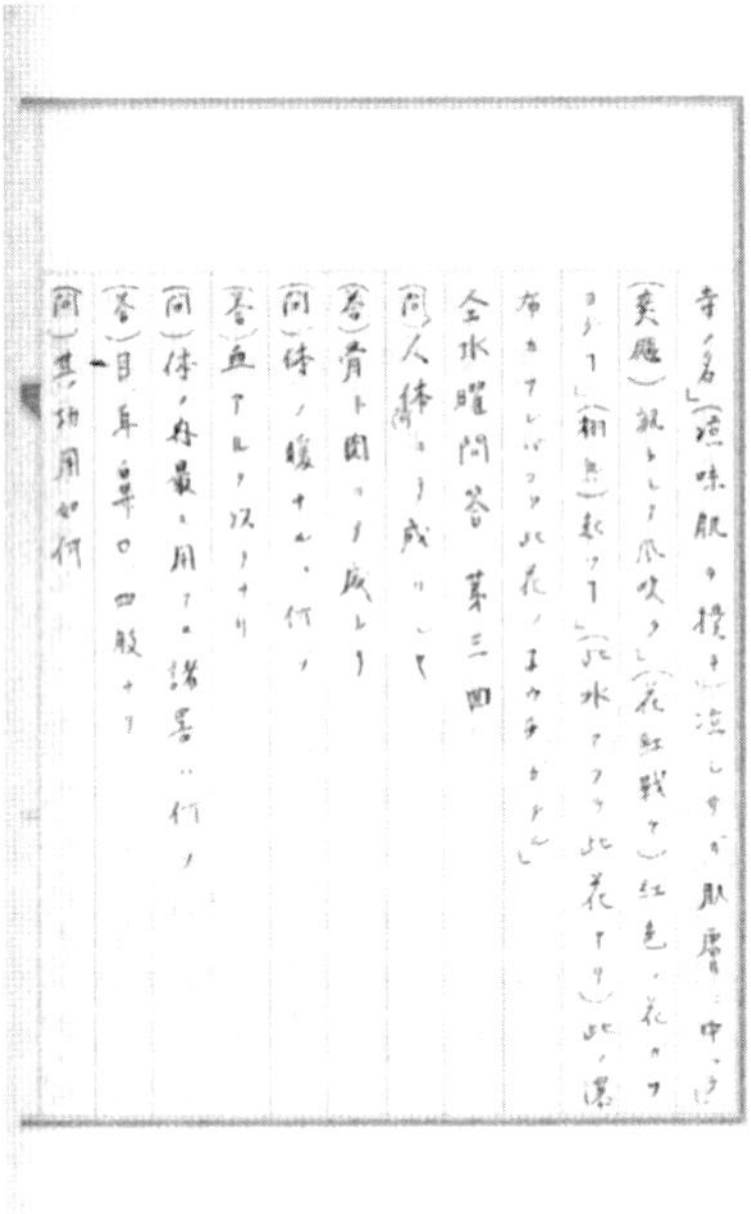

図7　『授業日誌』明治13年5月5日条

なお、ここで紹介した『授業日誌』は、三好が土岐小学校に勤めていた二年間に実施した授業について書き残したもので、明治十年代前半の授業の歴史を研究するのに貴重な遺産であるという評価が与えられている（長谷川栄・新井孝喜「三好学『授業日誌』解説」より、岩村町教育委員会、前出）。著者は三好の生まれ故郷の岐阜県恵那郡岩村町を訪れる機会があり、そのとき教育長から上下二冊の分厚いセットになった復刻本をいただいた。ページをめくっていると面白い部分を見つけた。図7として掲げた、明治十三年五月五日の第一級生の問答課の授業の内容である。

（問）人体何ニテ成リシヤ。（答）骨ト肉ニテ成レリ。（問）体ノ暖ナルハ何ゾ。（答）血アルヲ以テナリ。（略）（問）呼吸トハ如何。（答）空気ヲ吸テ其内ノ酸素ヲ取リテ炭酸気ヲ呼《まね》クモノナリ……。という具合である。第一級生は今の小学校の高学年にあたる。もし、今もこのような形で自然科学系の教育を行なっていたら、周囲はどのような反応を示すであろうか。たちどころに理科教育論者から批判を受けるであろう。

こうした知識暗記型（？）の理科教育は三好に限らず、広く使用されていたといわれる小学校低学年用に作られた『小学読本』巻五（田中芳男閲、田中義廉編、明治八年）などを見ると一般的であったことが知られる。科学的思考力の育成などの目標を掲げた理科教育の登場にはまだまだ時を待たなければならなかった。

日本の博物館

つぎに、社会における普及活動の場として博物館を取り上げよう。本来、博物館は普及活動と研究活動の両方の機能を持ったところであるが、ここでは前者について検討する。今、博物館と称される施設は日本にどのくらいあるのだろうか。大堀哲編著『日本博物館総覧―ミュージアムへの招待』（東京堂出版、平成九年）に美術館、資料館、動物園などを含めた全国の博物館関連施設のリストが載せられていたので数えてみた。全体でおよそ六千。そのうち、「博物館」という名称のものが約六百三十で全体の約一割であった。

これらの博物館関連施設の中でバイオロジーの普及にかかわるものといえば自然史系の博物館・資料館や動植物園、水族館などであろう。ここで、自然史系博物館とは動物、植物、地質、鉱物、古生物学、自然遺物などを扱う博物館をさしている。バイオロジーが誕生したヨーロッパには早くから自然史系博物館が存在し、植物や動物に関する研究や普及活動が展開されていた。その「バイオロジー」なる言葉を使いはじめたフランスのラマルクもパリの自然史博物館で研究をした人物である。この自然史博物館はそれまであった王立植物園がフランス革命によって改組されたものである。開館は一七九三年である。ちなみにスミソニアンの自然史博物館とニューヨーク自然史博物館は、ともに一八四六年に開館している（倉田公裕監修『博物館学事典』、東京堂出版、平成八年）。

では、日本ではどうだったのだろうか。今、東京上野の森には東京国立博物館と国立科学博物館がある。前者はいわゆる歴史的文化財などを収集・展示しているものであり、後者はここで取り上げる自然史系の博物館の機能を担《にな》っている。自然史博物館そのものであるといわないのは、自然史以外の物理学・化学や科学技術などいわゆる理工学系がのちに加えられたからである。ここでは国立科学博物館成立の経緯を事例にしてバイオロジー受容期の状況をながめてみよう。

田中芳男と博物館

「博物館」という言葉は、現在知られているところでは福沢諭吉《ふくざわゆきち》が『西洋事情』初編（慶応二年刊）の中で語ったのが最初であるとされている。福沢は遣欧使節団の一員としてパリやロンドンなどを訪れ、各種の博物館や動物園などを見学している。

福沢の博物館の紹介に刺激され、その設置に情熱を燃やしたのが田中芳男であった。田中と博物館の関係については京都市動物園長を勤めた佐々木時雄が以前詳しい調査をし、『動物園の歴史・日本編――日本における動物園の成立』（西田書店、昭和五十年）の中で紹介しているし、上野も『博物学者列伝』（前出）の中で取り上げている。ここでは田中がどのように博物館造りに努力したかをのぞいてみよう。

田中は慶応三年（一八六七）、パリで開かれた万国博覧会に参加する使節団の一行に加わった。この博覧会を開催するにあたってフランス側から日本に対して日本の珍しい物産だけでなく、日本の昆虫をも展示するよう求めてきた。それに応じるためにフランス語に堪能《たんのう》であり、昆虫採集とその標本づくりの経験を持つ田中が抜擢《ばってき》された。田中はパリ滞在

図8　田中芳男

中に自然史博物館を訪れている。彼の博物館づくりへの積極的な活動の出発点がここにあった。田中は自分が働いている開成所内の同じような機能を持った物産所とこの自然史博物館とをくらべ、その完備された状況に感銘を受け、そのようなものを自分たちの手でつくりあげなければと考えたのではないかと佐々木は想像している。

維新後、物産所は物産局と改称され、明治四年に文部省が設置されると文部省の管轄下に入り、同じ年にさらに博物局と改称された。翌年、それまで護持院ヶ原《ごじいんがはら》にあった博物局は日比谷の山下町に移転し、規模も拡大された。明治七年には「山下町博物館」として一般公開もされるようになる。

その後、博物局は政治的背景もあって明治八年文部省から内務省へ、ついで明治十四年農商務省の新設に伴い農商務省へと移管された。その間山下町博物館は上野の地に移転をはじめ、明治十五年には「上野博物館」として開館した。しかし、農商務省にとってはお荷物であったようで、明治十九年には宮内省へとその管轄が移動した。この移管劇についても佐々木は、農商務省の事情よりも天皇制維持のための経済的補強という方針がかかわっていたのだと述べている。結局は田中の情熱も政治の動きに翻弄《ほんろう》させられたのである。やがて博物館は明治二十二年「帝国」憲法の発布とともに「帝国博物館」、さらに明治三十三年には「帝室博物館」と改称された。これが今日の上野にある国立博物館へとつながるのだが、田中がはじめめざした自然史系のものとはかけ離れたものになった。

科学博物館への道

では、自然史系の国立科学博物館はどのようにして造られたのだろうか。「山下町博物館」を内務省に手放した文部省は、明治八年、それまでの文部省博物館を東京博物館と改称していた施設を上野の地に移し、さらに「教育博物館」と名称を改め、国内外の博物や教育機器を収集、展示することをめざした。ちょうど東京大学が開学した明治十年であり、その館長に東京開成学校教授だった矢田部良吉が就任した。これが現在の国立科学博物館につながるものであり、先に述べたように矢田部の遺族が彼の遺品を寄贈した由縁《ゆえん》でもある。しかし、矢田部は東京大学教授になって多忙をきわめ、館長を辞める。実は収蔵されているものも不十分で機能をはたせずに、明治二十二年に廃止され、東京高等師範学校（のちの東京教育大学、現在の筑波大学の前身）

付属の教育博物館となった。それがふたたび大正三年（一九一四）には文部省所管となり東京教育博物館となり、さらに大正十年に東京博物館と改称された。この改称劇はその後も続き、昭和六年には東京科学博物館になり、第二次世界大戦後に今の国立科学博物館となる。ただし、昭和三十五年に理工学館が加わり、純粋な自然史博物館とは違った姿の施設となっている。なお、比較的自然史博物館に近いものといえば大阪市立自然史博物館をあげることができよう。それができたのは昭和四十九年のことである。さらに、平成元年（一九八九）には生態系を学習できる附属の施設を設けた千葉県立中央博物館が創設され、自然史博物館らしいものが日本にも出現することになった。

「生きた動物」の展示〜動物園

ところで、博物館で一般の人々に「バイオロジー」に関わる知識なり情報を提供する場合、その資料となるものは動物の骨格や剝製《はくせい》の標本、あるいは植物の腊葉標本《さくようひょうほん》、また動植物の化石標本、ときには模型などいずれも「生きていない」生物たちが中心となる。できれば「生きている生物資料」も展示されれば見学者には違った角度から「バイオロジー」に関する情報が入手できる。実はそうした動きがすでに田中の段階で芽生《めば》えていた。

田中がパリで見学した自然史博物館には、もともと王立植物園であったものを改組したことあって植物園が設置されていた。日本での博物館設置に関した起草文「博物館之所務」に植物園のことが次のように書かれている。「一般植物ノ分科並ニ各種有用ノ品ヲ植エ、又生活セル動物ヲ園養シ、其ノ名実ト用トヲ知ラシム……」。この起草文が田中のものであれば、彼はパリの自然史博物館と同じように植物園の設置を考えていたようであるし、それればかりでなく動物園をも設けることを思い描いていたわけである。この田中の夢は紆余曲折《うよきよくせつ》を経ながら、やがて現在の東京都恩賜上野動物園へつながることになる。

その道程のはじめ、明治八年、日比谷の山下町博物館が飼育していた動物のリストが佐々木の著書に引用されている。哺乳類十五種、鳥類十一種、爬虫類二種、両生類一種、無脊椎動物ミツバチ、カタツムリなどである。当時の東京人にとっては珍しい北海道からのオットセイ、台湾からのヤマネコ、中国からの水牛などが見受けられる。佐々木によれば、さらに明治十年には海外からキリン、ライオン、トラ、シロクマ、カモノハシなどが送られてきているという。これらの珍獣を目にした江戸ッ子、いや東京人の反応の様子が思い浮かぶ。

その後、博物館は上野に移転することになるが、予算や政治的背景もあって動物園部分は博物館本館とは離され、今の動物園のあるあたりに作られることになった。山下町博物館で飼育されていた動物たちは上野に移され、博物館開館の明治十五年三月二十日に開園された。当日の来園者数は七百九人であったという。

すでに述べたように、この時点では農商務省の管轄であった博物館と動物園は明治十九年に宮内省に移管された。その翌々年の明治二十一年にはインド象がシャムから贈られ、その人気もあって入場者は急増した。ふたたび佐々木のデータを借りれば、開園の年が約二十二万人、この年が三十五万人であった。

宮内省時代の博物館、動物園は比較的長く続いた。しかし、大正十二年の関東大震災がきっかけとなり、財政的問題の解消も背景にあってか、皇太子のご成婚を機にその記念ということで、大正十三年に動物園は上野公園とともに東京市に移管され、東京都の誕生とともにその管轄も名称も今日のようになった。

植物園

一方、田中がめざした植物園であるが、博物館の歴史をたどればおわかりのようにその夢は達成されなかった。今では植物園という名称の施設は全国に数多くあるが、明治の初期としては明治十年に創立された東京大学理学部附属植物園が唯一のものであった。ここは寛永十五年（一六三八）徳川幕府によって江戸城の南と北に作られた薬園の一つ小石川《こいしかわ》御薬園《おやくえん》（貞享元年〈一六八四〉創立）に由来するもので、俗に

図9　明治30年頃の小石川植物園

小石川植物園と呼ばれている（図9）。著者も学生時代よく訪れたものである。園内には精子の発見で有名なイチョウが育っていたし、「ニュートンのりんごの樹」も植えられていた。

この小石川植物園の沿革について東京大学理学部の員外教授となった本草学者の伊藤圭介が書き残している（東京大学理学部印行『小石川植物園草木目録後編』附記、明治十三年）が、まさにこの植物園が彼の活躍の舞台であった。明治元年維新とともに御薬園は東京府の所管となり、大病院に属することになったが、翌年には大学校の所管となり、医学校薬園と改称、さらに明治四年に文部省が発足すると、その直轄となり文部省博物局と合併したが、明治六年には太政官博覧会事務局（山下町博物館）に移る。さらに明治八年には文部省博物館の附属となって小石川植物園と改称された。明治十年東京大学の所管となってからも名称は二転三転し、まず東京大学法理文三学部附属植物園、ついで同年に東京大学小石川植物園、明治十七年東京大学理学部附属植物園、明治十九年帝国大学附属植物園、明治三十年東京帝国大学理科大学附属植物園、大正八年東京帝国大学理学部附属植物園となり、昭和二十二年に今日の東京大学理学部附属植物園となった（小倉謙編『東京帝国大学理学部植物学教室沿革附理学部附属植物園沿革』東京帝国大学理学部植物学教室、昭和十五年）。この改称の跡をたどると大学制度の変遷が見えてくる。

以上、明治初期において、異文化である「バイオロジー」を受け入れる体制がどのように準備されたかをいくつかの角度からながめてみた。次章からは「バイオロジー」受容後、どのようにそれらを消化し、自分たちのものとして発展させていったかを「生命」「医」「食農」ごとに検討していく。

「生命」をめぐる状況

近代生物学受容体制の整備と日本人研究者たちの自立

近代生物学の受容と日本人への影響

本章では、「バイオロジー」の中でも特に近代生物学にもとづく生物に関する「知識」「思想」などがどのように受け入れられ、自分たちのものとして消化、発展させられていったか、また、それが広く社会にどのような影響を与えたかなどを検討してみよう。

そこで、本節では、明治から大正、昭和にかけて、近代生物学を受容し、研究・教育を発展させていくための体制がどのように整備され、そこで日本人研究者がどのように自立していったかをながめてみる。

生物学関係の研究や教育の組織としては、まず大学の理学部生物学科をあげることができる。その他には農学部、医学部、獣医学部、薬学部など生物学の応用分野の学部にも関係する研究・教育組織があるが、ここでは省略し、主として生物学科の動向を紹介しよう。

生物学科の発端と広がり

生物学科もはじめは一つの大学にあるのみであった。すなわち、明治十年（一八七七）の東京大学理学部の発足と同時にそこに設置された生物学科である。すでに述べたように、植物学では日本人研究者矢田部《やたべ》良吉《りようきち》が、動物学では御雇《おやと》い外国人教師モースがそれぞれ初代教授となって生徒（明治十四年度から学生と改称）たちの指導に当たった。やがて後者でも日本人教授箕作《みつくり》佳吉《かきち》が登場し、日本人自身による近代生物学の移植がはじまった。生徒たちは一年生では生物学科に入学し、やがて最終学年の四年生で植物学と動物学それぞれの専攻に分かれて卒論研究を行なうというものであったが、はじめのころは植物学を専攻する生徒はいなかった。といっても動物学専攻生も数名であった。そのころ矢田部が流暢な英語で講義をしたことや、モースが両手で別々のことを同時に黒板に書いたという話は有名である。

しかし、帝国大学が東京のみにあることへの批判から、明治三十年に京都にもう一つの帝国大学が作られることになった。京都帝国大学の誕生である。それを受けて東京にある帝国大学は東京帝国大学に改名された。京都帝国大学の設立は当時の工業立国という方針の影響を受け、まず設置されたのは理工系分野であり、生物学科はまだ陽の目を見なかった。現代であればバイオテクノロジーが即座に設置されるところだが、そのころは生物学への期待はそれほどではなかったようである。

それが実現したのは、遅れて大正八年（一九一九）、ちょうど「生態学」を造語したドイツの生物学者ヘッケル（Haeckel, Ernst, 一八三四〜一九一九）がこの世を去った年であった。当然、問題になるのは指導者である。明治のはじめに御雇い外国人教師を採用したときとは違って、東京大学（帝国大学）で育った生物学者たちがいた。その彼らが新たに出来た京都帝国大学での指導に当たることになる。

その後設置される他の帝国大学や東京と広島の文理科大学でも、東京大学関係の卒業生が何らかの形で指導に当たることになる。東北帝国大学では大正十一年、東京文理科大学（東京教育大学、現在の筑波大学につながる大学）と広島文理科大学（現在の広島大学）ではいずれも昭和四年（一九二九）、北海道帝国大学では昭和五年、名古屋帝国大学では昭和十五年に、それぞれ生物学関連の学科が設置された。なお、帝国大学系列の大阪大学と九州大学では昭和二十四年とさらに遅れている。

日本人研究者たちの自立

こうした研究体制が整備されるにともない、単に西洋の研究者たちによる研究成果の受け売りに終始するのでなく、日本人独自の研究成果も少しずつ見られてくるようになる。次にそのいくつかの例を生物学の発展過程に合わせて、分類学、生殖・発生学、生理・生化学、生態学から紹介する。なお、遺伝学、進化論に関しては次節で取り上げることにする。

「ヤマトグサ」の命名者～牧野富太郎

分類学では明治十七年上京し、矢田部、松村の指導下にあった東京大学植物学教室の門を叩いた牧野富太郎《まきのとみたろう》（一八六二～一九五七）の研究を事例としよう。牧野は日本各地を廻り、植物を自然分類なる方法で調査し、本草学《ほんぞうがく》に代わって、日本に近代的な植物分類学を移植する上での草分け的存在として評価され、第一回文化功労賞（昭和二十六年）、文化勲章（昭和三十二年）を与えられた人物であり、これまでにいくつもの優れた伝記が公《おおやけ》にされているのでご存知の読者も多いであろう（佐藤七郎『牧野富太郎』世界伝記文庫、国土社、昭和五十三年。渋谷章『牧野富太郎』平凡社ライブラリー、平凡社、平成十三年など）。

牧野によって日本の植物分類学が国際的に認められるようになったとされる一つの証拠として、彼が明治二十二年、四国で採集した新種「ヤマトグサ」の学名を彼自身によって

図10　牧野標本館

Cynocrambe japonica Makino と名づけることが認められたことがあげられる。これまで日本産の植物はすべてヨーロッパの研究者によって命名されていたからである。今、その標本は牧野によって集められたり、他の人から送られたりしたもの約四十万点の一つとして東京都立大学（平成十七年度より首都大学東京に改称）の牧野標本館に収められている（図10）。

イチョウ、ソテツの精子発見

次に取り上げるのは分類学にも関連するが、裸《ら》子《し》植物《しょくぶつ》の分類に影響を与えた「発見」である。ご承知のようにイチョウには実（銀杏）のなるメスの樹と、実のならないオスの樹がある。

春にオスの樹で作られた花粉が風で運ばれ、メスの樹に達すると、やがて受精して秋には実（銀杏）ができる。では、その間はどうなっているのか。イチョウは日本と中国にのみ自生するものであるが、十七世紀末に来日したドイツのケンペル（Kämpfer, Engelbert, 一六五一〜一七一六）によって紹介されて以来、ヨーロッパの学者たちにとって関心事であったが、日本でもそのことに関心を示した人物がいる。それが平瀬作五郎《ひらせさくごろう》（一八五六〜一九二五）である。明治二十一年から帝国大学理科大学に助手として雇われ、植物に関する画書の製作に従事していた。彼は余暇を利用して以前から疑問に思っていたイチョウの発生の様子を調べ、明治二十七年に花粉細胞の中に異状があることを報告し、その二年後の二十九年、花粉から二個の精子が生まれる様子を見出したのである。そのとき研究に用いられたイチョウの樹は、今も小石川植物園で生き続けている（次ページ図11）。

すでに分類学は人間の目的に合わせた人為分類でなく、自然界の類縁関係を明らかにする自然分類が主流になっていた。その際には形態や構造だけでなく、発生過程や生殖方法などがその物差しに使われるようになった。イチョウの場合も、それまで松柏《しょうはく》科《か》の仲間に入れられていたものがイチョウ科という独立した分類の位置を与えられることになった。ちなみに現存するイチョウは Ginkgo biloba という学名をもつ一種のみである。余談ではあ

図11　平瀬作五郎が精子を発見したイチョウ（小石川植物園所在）

図12　池野成一郎が精子を発見したソテツの分株（小石川植物園所在）

るが、学名はラテン語で表わされることになっていて、前者が属名、後者が種名。その前者、本来はGinkyo（銀杏）と書かれるべきところ、命名者のリンネがまちがえて「y」を「g」としたのだといわれている。いったん、つけられた学名は変更できない。

なお、平瀬作五郎の発見を助けたのが池野成一郎《いけのせいいちろう》（一八六六〜一九四三）であり、平瀬の研究に関心を持つと同時に、みずからもイチョウと近縁のソテツに目を向け、九州より採取した材料を使ってその生殖器官の発育の様子や結実の過程を丹念に調査し、ソテツの花粉管の中に精子を発見している（明治二十九年）。

池野は自分のソテツでの精子の発見と平瀬のイチョウでのそれを合わせて、Annals of Botanyなる雑誌で世界に向けて公表した（一八九七年）。ソテツの精子に関しては同年にアメリカのウェバー（Webber, H. J.）によっても発見され、池野の研究が確認されることになる。

こうした二人の研究を支えたものとしては、それまでに顕微鏡を用いての研究の重要性を認識していた松村任三《まつむらじんぞう》（一八五六〜一九二八、矢田部の後任）の指導、そして実際に顕微鏡を使ったスギゴケの発生（白井光太郎）、地衣類《ちいるい》の構造（三好学）などの研究、さらに細胞内の構造を調べるためのプレパラート作成の技術などが植物学教室を中心に蓄積されていたことがあげられよう。

呼吸の仕組みの解明〜柴田桂太たちの貢献

時代が下がると、西洋では生理学・生化学の立場からの研究が進む。こうした動向に対しても日本人の反応は見られ、そこから国際的なレベルで議論しうる研究者も現れた。その一人が柴田《しばた》桂太《けいた》（一八七七〜一九四九）である。彼は薬学者柴田《しばた》承桂《しょうけい》の長男。明治三十二年に東京帝国大学理科大学植物学科を卒業し、はじめは牧野富太郎とともにタケ類を研究し、ササ属を新たにつくるという成果をあげている。明治四十三年から明治四十五年までドイツの植物生理学者ペッファー（Pfeffer, W. F., 一八四五〜一九二〇）のもとに留学した。そのペッファーの師といえば、今では小学生でも実習する植物の葉にデンプンが作られることをヨード反応によって確認する方法を考え出し、光合成の仕組みの一端を明らかにし、植物生理学の確立者といわれているザックス（Sachs, Julius von, 一八三二〜九七）である。柴田も、またその師である三好学《みよしまなぶ》も

図13　柴田桂太

当時の植物生理学界をリードする学者たちの指導を得てきたというわけである。

柴田は植物生理化学の移植に力を注ぎ、特に植物体内におけるフラボン系という黄色の色素の研究を進めた。大正十三年には柴田の努力によって東京帝国大学植物学教室に新しい分野である植物生理化学講座が開かれることになった。柴田のもとにはこの新しい生物学分野に関心をもつ学生たちが集い、やがて彼らの中から国際的な評価を受ける研究が生み出されることになる。その一つが生物の呼吸に関する研究である。

一九二〇年代には生物の呼吸も細胞レベルで研究が進められ、その化学的過程もある程度解明されつつあった。私たちは呼吸というと肺における酸素と二酸化炭素（炭酸ガス）の交換を思い出すが、呼吸の本質は細胞内で高エネルギー物質といわれるアデノシン三燐酸（ＡＴＰ）を生成することである。その過程で二酸化炭素が排出され、最終的に酸素が使われるのである。生物は活動の際、そのＡＴＰを分解し、そこに蓄えられていたエネルギーを使用する。ＡＴＰ生成は細胞内にあるミトコンドリアという物体を舞台に展開される。柴田は弟子の田宮博《たみやひろし》（一九〇三〜八四）とともにそのときに関係するチトクロームという物質について、その発見者ケイリン（Keilin, 一九二五年発見）や呼吸酵素《こきゅうこうそ》という概念を提出したワールブルグ（Warburg, 一九二六年提唱）たち西洋の学者たちと対等に議論を展開しうる新知見を見出した（一九三〇年）。

生態学の移植と発展

最後に生態学分野の状況を紹介しよう。「生態学」（英語でecology、ドイツ語でOecologie）という言葉はドイツのヘッケルによって、「生物と外界との相互作用を研究する分野」のために作られたものである（一八八六年）が、日本語の「生態学」は三好学がドイツ語のPflanzenbiologieに対して作った「植物生態学」という訳語に含まれてはじめて登場する。

彼は「通常一般ニ動植物学ノ総称スル所ノBiologie（生物学）トハ其意味ヲ異ニスルヲ以テ、予ハ新ニ植物生態学ノ訳語ヲ作レリ」（三好学『欧州植物学輓近之進歩』明治二十八年）と記し、この中で生態学の目的について、「生物の生活の状態をはじめ、遺伝変化の理よりして外界の状態に感応すること、また生物自然分布の状態等種々の問題につき論及するもの」と述べている。

三好は「生態学」という言葉を造った人というだけでなく、今日の自然保護の思想とはいささか異なるが、天然記念物法（史蹟名勝天然記念物保存法、大正八年）の制定に貢献した人物としても評価されている。

その三好が指導した学生たちの中からのちに植物生態学を研究するものが現れた。東京帝国大学を明治四十年に卒業した郡場寛《こおりばかん》（一八八二〜一九五七）もその一人であり、東北帝国大学農学部（現在の北海道大学農学部、仙台に帝国大学が設置されたときには札幌にあった農学校を農学部とした）に職を得たのち、京都帝国大学に生物学関係の学科が設置されるにともない、京都に赴任し、主として植物生理学を軸とした生態学の研究・教育に当たった。また、東北帝国大学の吉井義次《よしいよしつぐ》（一八八八〜一九七七）や東京帝国大学理学部の中《なか》野治房《のはるふさ》（一八八三〜一九七三）も同様に植物生態学に力を入れた。著者はこの中野の弟子門司正三《もんじしようぞう》（一九一四〜九七）から生態学の授業を受けたが、生態学の中でも植物の物質生産量などを重視する生態学であった。

京都学派の登場

郡場の後輩でクダクラゲの研究で卒論を書き、明治四十二年に動物学科を卒業した川村多実二《かわむらたみじ》（一八八三〜一九六四）は卒業後、大正二年に京都帝国大学医科大学（京都大学医学部の前身）に再度入学し、生理学を学ぶことになる。なぜ、川村が東京を去ることになったのか。この転学について弟子にあたる上野益三《うえのますぞう》は次のように述べている。「死んだ動物の標本ばかり研究して、どうして生きている動物の本質がわかるだろうか。そのような川村先生の言動が東大で異端視されるようになったのは、やむを得ないことであっただろう」（上野『近代日本生物学者小伝』平河出版社、昭和六十三年)。

京都に移った川村は、そこで生理学者石川《いしかわ》日出《ひで》鶴丸《づるまる》(一八七八〜一九四七)と出会うことになる。石川はドイツの生理学者フェルボルンに師事した人物で、神経を興奮(信号)が伝わる仕組みをめぐって慶応大学の加藤元一《かとうげんいち》と議論を展開したことで話題になった。その石川は琵琶湖(大津)に大学の臨湖実験所を設置する運動を熱心に展開し、それを実現させることに成功している(大正三年)。

川村はこの臨湖実験所へ出入りするようになり、そこでの体験から野外生物への関心を強め、やがてアメリカへ留学、イリノイ大学では動物生理生態学の開拓者といわれるシェルフォード(Shelford, Victor E., 一八七七〜一九六八)に師事する(大正八年)。シェルフォードといえば、遷移説《せんいせつ》(succession theory)を提唱した植物生態学者のクレメンツ(Clements, F. E., 一八七四〜一九四五)などの影響を受けて、動物の世界にも植物界と同様に「群集(community)」という概念を導入した研究者である。

川村は帰国すると大正十年に京都帝国大学理学部教授に就任、動物生理学、動物心理学、そして動物生態学と野外実習を担当することになった。日本の大学での動物生態学講義の開始であった。川村の生態学はシェルフォードの影響を強く受けてきたため、「野外の生理学」という傾向があったそうである。しかし、彼はその基礎をしっかりすることの重要性を認識しており、地域の生物相を明らかにすることをめざし、学生たちに各自の専攻するテーマのほかに淡水動物の分類の研究を分担させたという。その中には上野益三や今西《いまにし》錦司《きんじ》がいた。上野はミジンコ、カゲロウ、カワゲラを、今西はカゲロウをそれぞれ担当している。今西はそのカゲロウの生態調査から、のちに「すみわけ理論」を生み出すことになる（大串龍一『日本の生態学——今西錦司とその周辺』東海大学出版会、平成四年〈一九九二〉）。

遺伝学・進化論の受容と普及

遺伝現象への関心

本節では、遺伝現象や進化など時間軸で捉《とら》える生命現象について近代生物学がどのように解釈してきたか、またそれがわが国へはどのように伝えられ、日本人研究者たちはどのように反応を示したかを検討する。

西洋における遺伝に関する知識の一端はすでに江戸時代、宇田川榕庵《うだがわようあん》の『植学啓原《しょくがくけいげん》』の中でも紹介されているが、まだ、科学的なものではない。西洋でも十九世紀中葉のメンデルの研究が登場して、ようやく科学の枠に入ることになる。ここでは、まず、いち早く遺伝現象に取り組んだ日本人について、ついで、今日の分子遺伝学への道に一歩近づくユニークな発想をした遺伝学者について紹介する。

オーストリアのメンデル（Mendel, J. G., 一八二二～八四）がエンドウを用いて、それが持ついろいろな性質（学問的には「形質」）が子孫にどのように伝えられるか、そこに何らかの規則性が見出されるか、

外山亀太郎とメンデリズムの再発見

そうであれば、何がそうさせるのかなどに関心を持ち、数年間にわたって修道院の庭で実験を試みたことは多くの読者の知るところであろう。

その成果が公《おおやけ》にされた一八六五年（論文になるのは翌年）の二年後の慶応三年（一八六七）、まさに維新の直前、一人の男児が相模国《さがみのくに》（神奈川県）で産声をあげた。やがて、帝国大学農科大学に学び、卒業後、福島県の農学校の校長、東大の助手、助教授（一九〇二年）、農商務省原蚕種製造所技師兼任（一九一一年）などを経て東京帝国大学教授（一九一七年）になった外山亀太郎《とやまかめたろう》（一八六七～一九一八）である。

メンデルの研究の意義は当時の学者たちには彼の論文の形式からも、また内容的にも十分理解されなかった。しかし、その後、オランダのド・フリース（De Vries, Hugo, 一八四八～一九三五）、ドイツのコレンス（Correns, Carl Erich, 一八六四～一九三三）、オーストリアのチェルマック（Tschermak, E. von, 一八七一～一九六二）の三人によって同様な実験が試みられ、その結果からメンデルの提唱した遺伝法則が成り立つことなどが明らかになった。彼

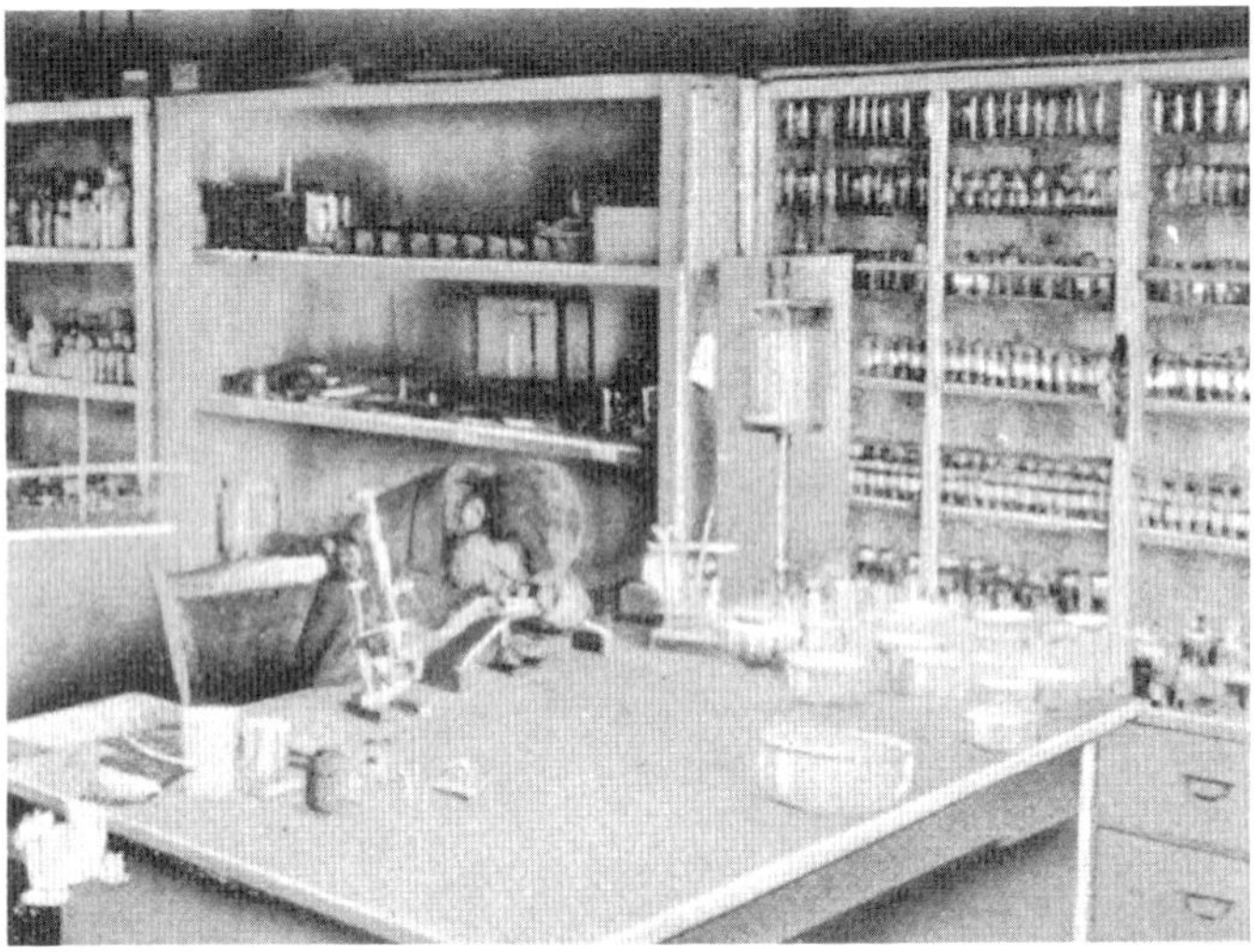

図14　福島県蚕業学校実験室で研究中の外山亀太郎

らの成果は「メンデリズムの再発見」として科学史年表の一行を占めることになる。

そのメンデリズムが再発見された明治三十三年（一九〇〇）、外山はカイコを用いての遺伝研究を開始する。実験に用いたのは日本の一化性白まゆ種とフランスの一化性黄まゆ種で、それらを親にして交配、その結果得られた子、すなわち雑種第一代はすべて黄まゆ種であった。この黄まゆ種どうしの交配では黄まゆ種が七五・三％、白まゆ種が二四・六％の割合で生まれた（雑種第二代）。また、雑種第一代の黄まゆ種と元の親の白まゆ種との交配

（これを戻し交配という）では黄まゆ種四七・四二％、白まゆ種が五二・五七％、ほぼ一対一の割合となった。ここで、一化性とは一年のうち春に一回、二化性とは夏と秋の二回カイコが生まれる性質のことである。それぞれ春蚕、夏蚕、秋蚕と呼ばれている。

遺伝学では雑種第一代に現れる形質を優性（顕性）形質、現れない形質を劣性（潜性）形質と呼んでいるが、エンドウを用いた交配実験で見られた現象（第一代では優性形質のみ、第二代では優性形質と劣性形質がほぼ三対一の割合で現れる。戻し交配では一対一）とほぼ同じ結果がカイコの場合でも確認されたわけである。

外山はその後もカイコの品種を変えて同様な実験を行ない、メンデリズムの正しさに自信を深め、これらの結果を明治三十九年に論文にして発表した。当時、動物についてはニワトリ、ネズミ、ウサギなどで検討されていたのみであり、昆虫を用いてメンデル法則を「再発見」したものとしてははじめてのものであった。

では、外山はどうしてカイコを遺伝研究の材料にしたのだろうか。遺伝現象を研究するのであれば、できるだけ一生が短い生物が好都合である。彼よりあとになるが、同じ昆虫のショウジョウバエを材料にしてアメリカのモーガンは世界をリードする成果をあげている。その後、研究材料にはカビやバクテリアというようにますます単純な生物が使われるようになって、最終的にはそれらの研究成果から遺伝子の物質的基礎としてのDNA（デオキシリボ核酸）が明らかにされる。

外山の場合は日本の蚕糸業の振興という実用性が背景にあったといえよう。品種改良によって、より優れた性質を持つカイコを作り出す必要があり、その基礎知識としてカイコの遺伝学上の知見を得たかったのであろう。もちろん、一般論への関心も高く、「遺伝の現象は数理的なり」（『東洋学芸雑誌』第二十五・二十六巻、明治四十一・四十二年）という論文などで遺伝現象についての一般論的議論を展開している。

遺伝学研究体制の整備

外山の例でもわかるように、日本での遺伝学研究のスタートは実用面からであったが、同じようなことがアメリカで見られている。一九〇三年、家畜や作物の品種改良を目的としてアメリカ育種家協会が創設されている。トゲなしサボテンの作出で有名なバーバンク（Burbank, L., 一八四九〜一九二六）や、先に紹介したモーガンの師にあたる遺伝学者のキャッスル（Castle, W. E., 一八六七〜一九六二）もこれに加わっていた。なお、この協会は一九一三年にアメリカ遺伝学協会と改名している。

日本でも大正四年（一九一五）に外山亀太郎たちが発起人になって日本育種学会が設立

されるが、それが大正九年に日本遺伝学会として再スタートしている。その経緯は発起人の外山が他界したり、同じく発起人の阿部文夫《あべふみお》が台湾に転任するなどの人的変化のほかに世界の遺伝学界のめざましい発達にも刺激され、陣容の一新と研究範囲の拡大をめざすことになったようである。新たに幹事として名を連ねたものに、あとで登場する藤井健次郎《ふじいけんじろう》や丘浅次郎《おかあさじろう》がいる。

ところで、初代の日本育種学会が日本遺伝学会に改組されるより前の大正七年に東京帝国大学理学部に遺伝学講座が開設された。この遺伝学講座の新設は、大阪の実業家だった野村徳七《のむらとくしち》、実三郎、元五郎の三兄弟から当時の金額として六万円寄付されたことによって実現した。日本におけるはじめての遺伝学講座であったが、その特徴は細胞学を基礎とする遺伝学的研究（細胞遺伝学）を行なうことであった。

細胞遺伝学は、メンデルが仮定した「要素」（遺伝子）の存在を細胞内に探るという課題を抱えていた。すでにこうした関心での研究は、西洋では十九世紀末から二十世紀初期にかけて見られていた。その結果、注目されたのが細胞分裂のときに現れる染色体であった。この染色体は生物によって数、形、大きさが決まっていて、それが変化するとその生物の性質も変化する。ちなみにヒトの染色体には形と大きさの違いで二十三種類のものがあり、そのうち一種類は男女で異なっている（性染色体という）。染色体数が一本でも増減があると、その人の性質に変化が生じる。

こうした現象から染色体が遺伝子を運ぶ物体ではないかと考えられるようになった。すでに二十世紀のはじめに、アメリカのサットン（Sutton, W. S., 一八七七〜一九一六）やドイツのボヴェリ（Boveri, T., 一八六二〜一九一五）たちによってそうした考えが提唱されていた（一九〇二年）。

もし、それが正しいとすると、次の課題は、遺伝子が染色体中にどのように配列しているか、また、どのような物質からできているかなどの解明であった。前者についてもいろいろな説が出たが、結局モーガンの直線状配列の考えが人々に受け入れられるようになる。一方、遺伝子の物質的基礎に関しては染色体を構成している物質として見出された少量の核酸と大量のタンパク質のどちらが遺伝子を作る物質かが問題になった。読者の皆さんは結論を知っているが、一九二〇年代には別の視点からタンパク質ではないかという考えも飛び出した。その提唱者の一人が藤井健次郎である。

「遺伝物質はタンパク質か？」

藤井健次郎（一八六六〜一九五二）は金沢に生まれ、明治二十五年東京帝国大学を卒業し、のち明治三十四年、ヨーロッパに留学、ドイツのストラスブルガー（Strasburger, E., 一八四四〜一九一二）から細胞学を、ゲーベルから形態学を、さらにイギリスに渡り、植物化石学をも学んでくる。

藤井は当時、わが国の細胞遺伝学の研究が主として染色体数の調査に向けられていることにあきたらず、遺伝物質の追求に関心を示すようになる。その結果、次のような見解を示すことになる。

「サテ此核内《このかくない》ノ遺伝質ノ所在ニ就《つい》テハ大抵ノ細胞学者ハ種々ノ理由ニヨツテ染色体中ニアリト断定シテ居リ、……大体染色質（「クロマチン」）ニアルトスル見解ガ広ク行ハレル。然《しか》シ染色質ノ構成中核酸《かくさん》ガ主要部デアルカ「プロタミン」「ヒストーン」等ノ塩基性蛋白《えんきせいたんぱく》質《しつ》ガ主要部デアルカハ尚《なお》疑問デアルガ、……此部分（核酸、著者注）ハ……核ノ所謂《いわゆる》休眠期ニハ小量ニナツテ居ルノヲ見ルト、或《あるい》ハサマデ重要デハナイカモ知レズ、……生物個体ノ特殊性ハ各個体ノ有スル蛋白質ノ差異ニ帰スルコトニナツテ居ルノヲ見ルト、……塩基性蛋白質ノ部分ガ遺伝特質ニ関与スル主要部カモ知レヌ、……」（「遺伝子「イッド」ノ概念及ビ其ノ変化性ノ問題ニツイテ」『遺伝学雑誌』第三十四巻、大正九年）

この文は、遺伝単位として、メンデルの「要素」、ド・フリースの「細胞内パンゲン」、ヴァイスマンの「デテルミナント」などの言葉が登場した後、デンマークのヨハンゼン(Johannsen, W. L., 一八五七～一九二七)によって提案(『精密遺伝学原理』、一九〇九年)された「ゲン、ジーン(遺伝子)」が多くのメンデル遺伝学の研究者に使われるようになったが、それらに概念上の混乱があるとして、あらたに「イッド」という概念を提案した論文の一部である。

核酸という物質自体については、すでに十九世紀末に見出され、また核酸に二種類あること(現在ではDNAとRNAと名づけられている)も二十世紀のはじめに知られていた。しかし、藤井が議論を展開した当時はその重要性は認識されていなかった。一方、タンパク質は生命現象の重要な物質としての評価が高くなりはじめたころである。

そうした状況下において、藤井がプロタミンやヒストンなどのタンパク質に遺伝物質としての役割を与えるという思いちがいをしたのはやむをえないことであった。とはいえ、いろいろな生物を使ってはその染色体の数や形などの研究に多くの時間を費やしていた日本の細胞遺伝学のあり方に一石を投じたことは意義あることであった(鈴木善次「遺伝子はタンパク質」、青木国夫・板倉聖宣ほか『思い違いの科学史』朝日文庫、平成十三年〈二〇〇一八）。

進化論への反応と普及活動

日本への進化論受容の状況についてはすでにいくつもの研究成果が明らかにされているので、その概要についてはそれらに譲ることにする。ここではその導入、啓蒙普及に尽力したといわれている三人の生物学者（石川千代松、丘浅次郎、小泉丹）を取り上げてみよう。

石川千代松〜モース、ヴァイスマンから学ぶ

石川《いしかわ》千代松《ちよまつ》（一八六一〜一九三五）は幕末の江戸に旗本《はたもと》の子として生まれた。すでに紹介したように石川は東京大学動物学科の第一回卒業生であり、学生時代にモースから進化論を聞き、その講義録を『動物進化論』として出版した（明治十六年）ことでもよく知られている。

このモースの進化論については「進化の原因と結果をきわめて飛躍的・機械的に直結してしまった」「人間に関する事例と動植物に関する事例を……簡単に同一視し、……動植物での例をやたらに人間社会に当てはめる傾向が著しい」（筑波常治「進化論と思想」日本科学史学会編、佐藤七郎・中村禎里・鈴木善次責任編集、『日本科学技術史大系・生物科学』第一法規出版、昭和四十年）などの評価がなされており、必ずしもダーウィンの進化論を忠実に紹介したものではないといわれている。

学生時代に無脊椎動物の生殖や発生の研究をした石川はドイツに留学し、ヴァイスマンの指導を受けた。ヴァイスマン（Weismann, A., 一八三四〜一九一四）といえば、生殖質連続説を提唱し、獲得形質遺伝を否定した人物である。生殖質連続説というのは、親から子に伝えられるのは生殖細胞（精子や卵子）のみであり、したがって、体を構成する一般の細胞（体細胞という）が一生の間に受けた影響は次代には伝わらないという考えである。その証拠として、ネズミの尾を何代にもわたって切断したが、尾の短いネズミが生まれなかったという話は有名である。

ダーウィン（Darwin, C., 一八〇九〜八二）の進化論では、親と違った形質（変異という）を持つ子どもが産まれることがあり、そうした変異した個体の中で環境に適応した個体が選ばれて（「自然選択」という）生き残り、次代に受け継がれるという。ダーウィンはその変異の原因として獲得形質の遺伝を認めていた。ヴァイスマンはそれを否定したのであるから、当然、ダーウィンのものとは違った進化のしくみを提唱する必要があった。その結果生み出されたのが、ネオ・ダーウィニズムという考えである。これは、ダーウィンの学説のうち、自然選択の考えは受け入れるが、個体が変異する原因としては獲得形質でなく、突然変異を採用するものである。

石川は明治二十二年に帰国し、翌年農科大学教授になる。ついで『進化新論』(初版・明治二十四年)を発表し、モースの進化論とはちがった姿の進化論を展開した。最近、この『進化新論』について丁寧な分析を行なった研究が公にされた(斎藤光「個体としての生物、個体としての社会――石川千代松における進化と人間社会」阪下孝編『変異するダーウィニズム・進化論と社会』京都大学学術出版会、二〇〇三年)。斎藤氏はこの著書がダーウィンの自然選択説を中心とする進化のメカニズムを正確に伝えるとともに、それを超えて細胞レベルの問題を多く含む進化論になっていると指摘している。

なお、『進化新論』は一八九七年に訂正・再版されている。それはヴァイスマンの『生殖質』(一八九二年)出版を受けて改訂されたものであり、ヴァイスマンの影響をかなり受けたものになっている。その証拠を探るため、著者は改訂版のページをめくりながら、ダーウィンとヴァイスマンの名が出てくるページ数を数えてみた。結果はダーウィンが三十四ページ、ヴァイスマンが五十三ページであった。

丘浅次郎の『進化論講話』〜ベストセラーの中味

日本での進化論啓蒙家として石川についでしばしば取り上げられるのが丘浅次郎（一八六八〜一九四四）である。静岡に生まれ、明治十九年に帝国大学理科大学動物学科選科に入学する。卒業後、明治二十四年から二十七年までドイツに留学、ロイカルトの指導を受けてくる。翌年には旧制の山口高校（現在の山口大学）の教授となったが、二年後の明治三十年には東京高等師範学校（のちの東京教育大学、現在の筑波大学）の教授となって、昭和四年（一九二九）の定年まで勤める。

さて、丘浅次郎は動物学の分野ではホヤやヒルなどの形態、発生などを研究したが、ここで取り上げる進化論の啓蒙のほかに「疑いの教育」などの科学教育論、さらには「人類滅亡論」などの文明論を展開した。その進化論の啓蒙活動の中でも『進化論講話』（明治三十七年）は多くの人々に読まれた名著として今日でも高く評価されている。例えば、「世の歓迎を受け、いわゆる洛陽の紙価を高からしめる名著となった。本書が明治末葉から大正にわたって数回版を重ね、わが知識層に与えた影響はすこぶる大きい」（上野益三）という。

また、『進化論講話』など丘浅次郎の著作集の再版に尽力された科学史家の筑波《つくば》常治《ひさはる》氏は、『進化論講話』が多くの人々に歓迎された理由について、「進化論は明治いらい『最新の思想』にして『科学的真理』であると注目されていた。ところが一般むきに書かれた解説書がなく、これ以前にだされた石川千代松『進化新論』（一八九一年）は内容が専門的にすぎた。『進化論講話』は当時の読書界の渇きをいやすものであった。専門家でなくても理解できるようにするべく、口語体で書かれている」からであるという（筑波、前出『近代日本生物学者小伝』の「丘浅次郎」の項）。

図15　丘 浅次郎

ところで、石川は獲得形質遺伝を否定したが、丘はダーウィンと同様に、それを肯定した。丘は進化論全体においても徹底してダーウィンの立場に立って、その紹介に当たった。

『進化論講話』が多くの読者を獲得し、当時のベストセラーになったが、さらにロングセラーであるとも評価されている（筑波氏前掲書）。今日、数百万部を誇るいろいろなベストセラーといわれるものが世の中に現れるが、その中でどの程度ロングセラーの資質も備えたものがあるだろうか。

小泉丹～進化論から進化学へ

三番目に登場を願うのが小泉　丹《こいずみまこと》である。その理由は「進化論」という言葉の代わりに「進化学」という言葉を積極的に使用したという点で当時としてはユニークな存在であったということと、進化要因論について前二者とはちがった面をもっていたからである。

小泉丹（一八八二～一九五二）は東京帝国大学理科大学動物学科に学び、卒業と同時に伝染病研究所に入る（明治四十年）。学生時代の研究テーマがミミズの寄生生物グレガリナであった。大正十三年から慶応義塾大学医学部教授となり、寄生虫学教室を主宰した。かつて著者がしばしば訪れた慶応義塾大学医学部附属北里記念図書館の書棚の一角に小泉丹の蔵書が収められていた。それらを通して小泉の読書分野の幅広さを感じたものである。その中に進化論関係のものも数多く見られた。

小泉の進化論を取り上げる前に、彼にまつわる一つのエピソードを紹介しよう。

「小泉博士は動物学に進むことを決意された二高時代（旧制二高で現在の東北大学に改組編入された、著者注）には、生物学に関するものはもちろん、いろいろの方面の書物を精力的に読まれたが、当時出た丘浅次郎博士の『進化論講話』にはいたく感銘を覚えられた。

だが当時、経済的に恵まれていなかったのでそれを買えず、学校で購入して教授室に保管されていたのを助手にたのんで一晩だけ内緒でもち出し、徹夜で読みあげ翌朝返したという」(森下薫、前出『近代日本生物学者小伝』の「小泉丹」の項)。小泉の勉強熱心さもわかるが、前項の丘浅次郎の『進化論講話』への人々の関心の高さを知ることができるエピソードでもある。

さて、「論」から「学」への転換を主張するからにはこの分野での内容が体系づけられている、あるいはその可能性があるという判断が小泉にあったのであろう。その点に関して『進化要因論』の緒言で「生物進化学のシステム」を提案しており、進化についての議論を展開する場合、進化の立証研究、進化過程の研究、進化要因の研究に分けることが有益であると論じている。彼は単に進化論という段階に満足するのでなく、体系だった学問として進化の問題を位置づけることを目指した。そのためには、この三つの研究をさらに実証的に深める必要があったが、彼の専門である寄生虫学の研究からはそれらに成功していない。

このころ、進化の要因論に関しては獲得形質遺伝が否定され、ラマルクの進化論全体も否定される傾向にあり、代わってネオ・ダーウィニズムが力を得てきていた。彼はラマルク説軽視の風潮を『ラマルク動物哲学・ダーウィン種の起源』（昭和六年）の中で批判し、さらに『進化学序講』では、大進化の過程を説明する上でラマルク説の中の漸進的進化の考えに近い「オルソゼネシス」の考えが重要であると指摘している。そして、この言葉の訳語として「定向進化」を提案する。先に紹介した石川には定向進化の考えはほとんど見られない。一方、丘は定向進化は単に事実をいいあらわしているだけで、進化の仕組みの説明にはなっていないと批判している。

小泉が定向進化の考えに共感を抱くようになった背景は何であったのだろうか。定向進化を支持する人にはコープやオズボーンなど化石学者が多い。古生物学の研究からは魚類から両生類、爬虫類《はちゅうるい》、そして鳥類および哺乳類へとつながる大進化の問題が関心事になりやすい。その大進化を説明するのには自然選択説よりも定向進化説のほうが都合がよい。もちろん、小泉は化石学者ではないが、高校時代から化石に興味があったことが知られているので、あるいはそのことがある程度影響を与えたかもしれない。また、彼の最初の仕事である訳書『進化学説』（大正十三年）の著者（ドラージュ、Delage, Y., 一八五四〜一九二〇）がラマルキズムに共感していたことがかかわっているのかもしれない（鈴木善次・小沢陽子「小泉丹と進化論」『生物学史研究』二十四号、昭和四十八年）。

以上、三人を事例に進化論への反応の様子を紹介したが、それぞれ各自の専門的な生物学研究とは乖離《かいり》し、西洋における進化論諸説の紹介、普及に留《とど》まった。本格的に進化「学」として実証的に取り組もうとする努力は、染色体分析を通してコムギの祖先を探った京都大学の木原均《きはらひとし》（一八九三〜一九八六）のような研究も見られたが、最近の分子進化など新しい視点が登場することによって進化学は前進することになる。

生物学と社会との関係

生物学的知識の普及

プロローグで述べたように、生物学は学問の世界に閉じこもっているることのできないもので、思想面や生活面などいろいろな面で社会とかかわりを持ってきている。ここでは、はじめに「学問」と「社会」との橋渡しになる啓蒙活動、教育活動について、ついで両者のかかわりについて検討する。

一般市民への生物学知識の普及活動は、「バイオロジーの受容」の章で概観したように学校教育、社会における教育などいろいろなルートで行なわれてきている。ここでは、生態系概念に関連する動きと、遺伝学上の知識の普及の様子を事例に紹介する。

最近の環境問題の悪化にともなって生態学、特に、その基本的概念である「生態系」(エコシステム)が注目されるようになった。今では多くの人が口にする言葉であるが、どの程度内容を把握しているだろうか。

「生態系」概念育成の先駆

さて、その「生態系」概念の育成に結びつく一つの普及活動を紹介しよう。明治三十年(一八九七)に『薔薇之壱株《ばらのひとかぶ》　昆虫世界』という本が出版された。発行所は名和昆虫研究所、著者はその研究所を設立した名和靖《なわやすし》(一八五八〜一九二六)である。そこには、名和の祖父が育てているバラの株に飛来するミドリアブラムシ、クマアリ、ナナホシテントウムシなどさまざまな虫たちの様子が描かれている。名和は一株のバラの上で、これらの昆虫たちがかかわりを持ちながら、一つの小世界を作り出し、お互いにバランスを保って生活をしていることに気づき、面白さを感じたと述べている。これはまさに「生態系」を知る第一歩である。この本はかなりの読者を得たようで、版を重ねたという。

名和は岐阜県農学校を卒業後、岐阜県尋常師範学校の教諭を勤めた人物であり、そのときの教え子に棚橋源太郎《たなはしげんたろう》(一八六九〜一九六一)がいた。棚橋はのちに東京の高等師範学校附属小学校の教諭となった人物で、ドイツのユンゲが提唱する理科教育論を日本に紹介したことでも有名である。ユンゲ（Junge, Friedrich, 一八三二～一九〇五）はドイツの生態学者メビュウス（Möbius, K. A., 一八二五～一九〇八）の唱えたBiocoenoseの考えやフンボルト（Humboldt, A. von, 一七六九～一八五九）の統一体としての地域の考えに刺激され、『生活共存体としての村の池』（一八八五年）を著し、博物教育、生物教育に一つの方法を提示した。ユンゲは自然現象について個別的、分科的にその知識を注入するのでなく、常に自然界の調和に役立っている事象間の相互関係のあり方を具体的に観察させる訓練を通して認知させることが、全体としての自然を正しく理解させることになるという。

著者は以前、学生とともに教科「理科」が誕生した明治十九年から第二次世界大戦が開始されたころまでの小学校理科教科書について、主として食物連鎖に視点をおいて生態学的内容がどのように記述されているか、特に棚橋がユンゲの教育論を導入してからどうなったかなどを調査したことがある（鈴木善次・田中千子「日本の理科教科書に見られる「生物のつながり」―ユンゲの理科教育論との関連」『大阪教育大学紀要』第V部門・第三十七巻第二号、昭和六十三年）。当然の結果であるが、棚橋の『小学理科教科書』（金港堂、明治三十八年）、また棚橋とともにユンゲの教育論の普及に努力した高橋章臣《たかはしあきおみ》が関係した『毎時配当　理科教科書』（日本書籍、明治三十九年）が「生物どうし」の関係を多く扱っていた。

ところがその後の国定教科書では、生態系概念の育成にかかわる記述はほとんど消えてしまった。

中学校レベルでの生態学的内容の調査は富樫裕氏によってなされている（板倉聖宣編『理科教育史資料四・理科教材史I』第十一章、とうほう、昭和六十二年）。全体的な流れとしては生態学自体の動きを反映させていて、はじめは個体を中心にした生理学的生態学や生物地理学・分布学などの内容が多く、群生態学的な内容を取り入れたものは昭和期になってから現れている（郡場寛・湯浅八郎『中等生物通論』冨山房、昭和九年）。この教科書では「生物の社会」という章があり、そのなかに「聯鎖《れんさ》」という名称で「食物連鎖」も扱われている。富樫氏はそこに「生命の網」という概念が提唱されていることに注目している。例の「生態系」（ecosystem）なる概念が提唱される一年前である。ただし、この教科書がどの程度生徒たちに読まれたか。そのあたりが問題である。

遺伝子概念の教育

最近ではＤＮＡという言葉を知る人も多くなった。医療技術の進歩や遺伝子組み換え食品の登場などでしばしば話題になるからであろう。それが昭和六十四年（一九八九）ごろに総理府が調査した資料では、十八歳以上の三千人のうち約六七％の人が知らなかったという（雑誌『ニュートン』第九巻九号、平成元年八月)。ＤＮＡは現在、高校の生物の授業で取り上げられているが、「生物」教科書に登場するようになったのは昭和三十二年ごろであろう。その年に刊行された教科書に「染色体の化学成分をしらべてみると、デソキシリボ核酸（ＤＮＡ）がたくさん含まれている。それで遺伝子の主成分は、ＤＮＡであるとされている」（開隆堂）とある。その後、昭和三十年代後半に出されたいくつかの教科書でもＤＮＡについての記述が見られる。

ワトソン（Watson, J. D., 一九二八〜）とクリック（Crick, F. H. C., 一九一六〜二〇〇四）が遺伝物質はＤＮＡであると発表したのが一九五三年であるから、これは比較的早い間隔で学界の状況が教育界に反映された例といえるであろう。

では、メンデルの遺伝法則の場合はどうであったか。前節で紹介したようにメンデル法則が再発見されたのは一九〇〇年である。日本では、それから三年後の明治三十六年に臼《うす》井勝三《いかつぞう》が『信濃博物学雑誌』七号ではじめて紹介したといわれている。単行本では例のソテツの精子を発見した池野成一郎《いけのせいいちろう》の『植物系統学』（裳華房、明治三十九年）が早い方である。しかし、これらは専門書であるので一般の人たちがどの程度読んだかは疑問である。

学校教育において紹介された初期のものとしては、育種学者の明峰正夫《あけみねまさお》による農学校用教科書『提要作物汎論《ていようさくもつはんろん》』（明治四十二年）であるという調査報告がされている（富樫裕、前出『理科教育史資料四・理科教材史Ⅰ』。以下の記述に際しても参考にさせていただいた）が、これも一般的ではない。

では中等教育レベルではどうであろうか。当時の中学校での教育内容は今日の「指導要領」にあたる「教授要目」によって決められている。「教授要目」は明治三十五年に制定され、のち明治四十四年、昭和六年、昭和十七年と改定される。その中で「要目」に「遺伝」が明記されたのは昭和六年、さらに昭和十七年の改正では「遺伝法則」でメンデルの法則を通じて遺伝の原理を理解させることが規定された。

この改定期の中で、明治四十四年から昭和六年の間が二十年と長いが、この間、遺伝学分野は大きく進歩している。それを反映して、大正五年に出された安東《あんどう》伊《い》三郎《さぶろう》の『中学博物通論教科書』（宝文館）にはメンデルの遺伝法則が紹介されている。また、東京帝国大学動物学科卒業の飯塚《いいづか》啓《あきら》の書いた『新制博物通論』（富山房、大正十年）では六ページにわたってメンデルの遺伝法則が解説されている。いずれも「教授要目」の改正より早く対応しているが、それでもメンデル法則の再発見から十数年から二十年後である。

ついでだが、ショウジョウバエを用いたモーガンの遺伝研究の導入と普及の状況を紹介しておこう。日本でのショウジョウバエを用いた遺伝研究は、モーガンのもとに留学していた駒井卓《こまいたく》が帰国した大正十四年ごろからはじめられた。富樫氏の調査（前出『理科教育史資料』四）によれば、教科書に登場するようになったのは昭和九年に発行された郡場寛『中等生物通論』（冨山房）などからであるという。モーガンの遺伝子説が学界でほぼ認められるようになってから約八年後のことである。

このように遺伝学の場合には科学の世界から教育の世界への情報伝達のタイムラグが時代とともに短くなっている。しかし、一般の人々に共有されている遺伝観がそれによって、より「科学的」になっているかどうか。そのあたりの調査が必要である（詳しくは鈴木善次・原田智代「遺伝教育の歴史」『遺伝』第四十四巻三号〜五号、平成二年）。

人種改良論（優生学）への反応

生物学によって得られた知識はいろいろな形で私たちの考えや生活に影響を与える。ここでは二つの事例を取り上げ検討する。

メンデルの遺伝研究が公表された同じ年（一八六五年）、進化論提唱者ダーウィンの従兄弟ゴルトン（Galton, F., 一八二二〜一九一一）も人間の能力が遺伝するという考えを示した。彼はそれを前提に当時のイギリスの「ある」状況を憂《うれ》い、一つの学問の必要性を提唱した（一八八三年）。「ある」状況とは有能なイギリス青年たちが戦争などで命を失い、子孫を残せなくなる。そのためイギリス人の能力が徐々に劣化するというものであった。それを防ぐためにも人間の遺伝について研究し、よりすぐれた能力を持った人々を増やす方策を立てるための学問を設立しようというものである。それが eugenics である。

この考えをわが国にいち早く受け入れたのが福沢諭吉《ふくざわゆきち》であった。明治維新によって「優秀な」武士階級が没落し、商人たちが力を持つようになってきた状況から日本人種の劣化を憂いたのである。万民平等論者というイメージの福沢には似つかない考えである。

福沢の弟子にあたる高橋義雄《たかはしよしお》は西洋人の優れた能力を日本人の中に取り入れることが文明化する上で重要だと考え、日本人と西洋人との混血を奨《すす》める考えを『日本人種改良論』（明治十七年）にして公《おおやけ》にした。いわゆる「黄白雑婚論《おうはくざつこんろん》」である。これに対して、ダーウィンの進化論に接して、それまで心酔していた天賦人権説《てんぷじんけんせつ》を批判した『人権新説』（明治十五年）を著したことで知られる加藤弘之《かとうひろゆき》（一八三六～一九一六）が、それは日本人の改良ではなく、日本が西洋人に乗っ取られるようなものであるという反論を展開している（「人種改良ノ弁」『東洋学芸雑誌』第五十三号～五十五号、明治十九年）。

その後、明治の後半にはダーウィンの進化論の影響もあって浸透してきた「生存競争」という考えが影響を与え、列強各国の中で日本が生き残っていくためには日本人の能力を

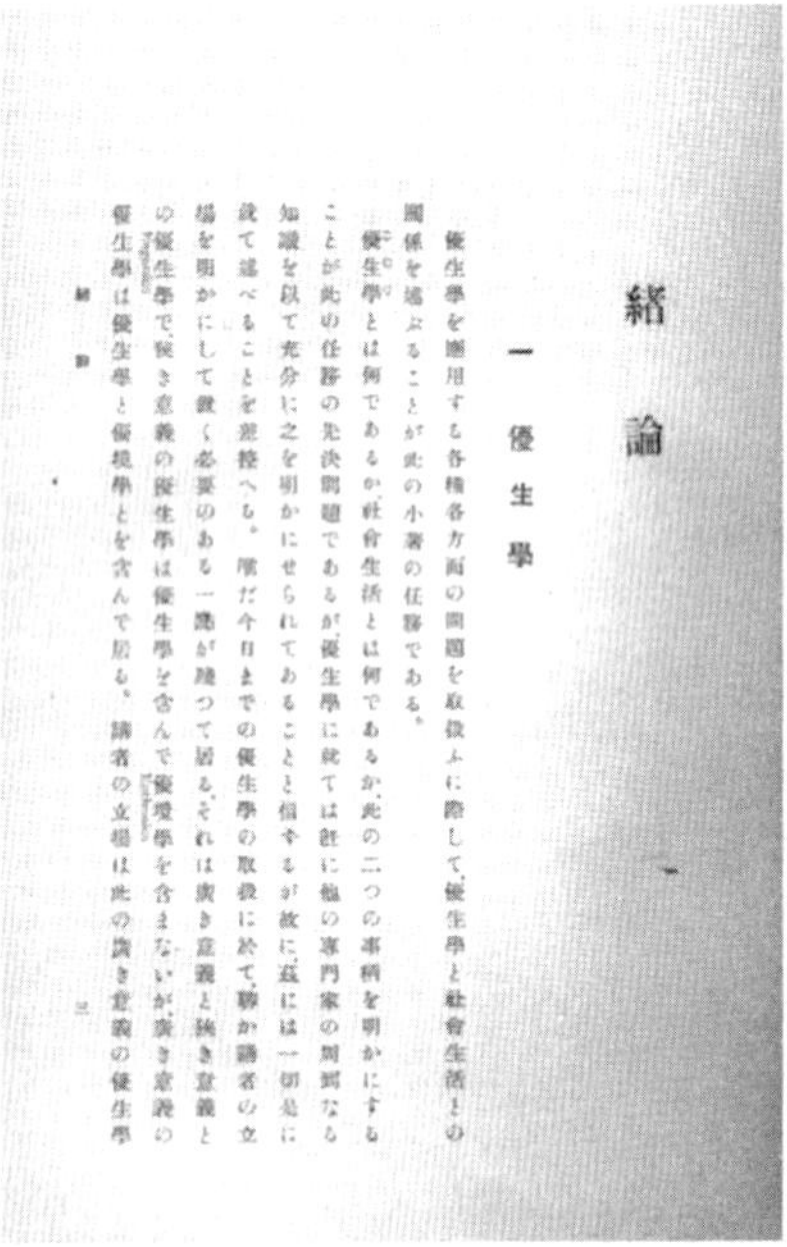
緒論

一 優生學

優生學を應用する各種各方面の問題を取扱ふに際して、優生學と社會生活との關係を述ぶることが此の小著の任務である。
優生學とは何であるか、社會生活とは何であるか、此の二つの事柄を明かにすることが此の任務の先決問題であるが、優生學に就ては既に他の專門家の周到なる知識を以て充分に之を明かにせられてあることと信ずるが故に、茲には一切是に就て述べることを差控へる。唯だ今日までの優生學の取扱に於て、聊か論者の立場を明かにして置く必要のある一點が殘つて居る。それは廣き意義と狹き意義との優生學で、狹き意義の優生學は優生學を含んで優境學を含まないが、廣き意義の優生學は優生學と優境學とを含んで居る。論者の立場は此の廣き意義の優生學

緒論　三

図16　優生学に関する著書（建部遯吾『優生学と社会生活』）

よりよいものに改善しておくことが必要であるという考えが広まり、ゴルトンの提唱するeugenicsへの関心が高まった。日本ではこの訳語として人種改良論、民種改善学、人種改造論などいくつかのものが登場したが、最終的には建部遯吾《たけべとんご》が提案した「優生学」に落ち着いた（建部遯吾『優生学と社会生活』雄山閣、昭和七年。図16）。

この優生学に対して、生物学者をはじめ医学者、心理学者、教育学者などが反応を示した。積極的に賛成するもの、やや慎重な立場をとるもの、いろいろであった。その場合、

違いを生む背景としては、人間能力を「遺伝」的とみるか、「環境」、いいかえれば「教育」の影響を認めるかという、それぞれの立場があるように思える。ちなみに獲得形質の遺伝を認める立場は「環境」派である。ダーウィンの進化論を忠実に受け入れ、紹介した丘浅次郎は人種改良論（優生学）には消極的であった。

高橋についで優生学に関する大部の著作『日本人種改造論』（冨山房、明治四十三年）を著したのが社会学分野の研究者海野幸徳《うんのこうとく》である。彼は人間社会では自然選択が作用せず、逆選択が起こり、だんだん退化していく。それを防ぐために人種改良が必要であると主張する。具体的な改良方法としては、積極的に優秀な能力を持つ家系同士の、特に近親者同士の結婚が望ましいという。また、生存競争には身体的競争、精神的競争、社会的競争があるが、はじめの二つでは欧米にくらべ劣っているが、最後の社会的競争では日露戦争に勝利したことを見れば、日本が優位に立っていることがわかる。これは日本人の「皇室を崇敬し尊重する我国民と、人民を赤子の如く愛撫し給ふ皇室と、祖先を崇敬する精神」である国家心が発達しているからであるという。このあたりは日本的特質の現れであり、高橋の欧化主義と対照的にナショナリズムが前面に出てきている議論である。

優生学から優生運動へ

やがて、優生学は優生運動という形をとるようになり、その典型として現れたのがジャーナリストの池田林儀《いけだりんぎ》による「優生運動」である。昭和元年には東京で日本優生運動協会を設立し、日本民族を世界の第一線に立たせるために、国民の心身の健康増進、精神薄弱や遺伝的疾患のない家庭作りなどを実現する必要があると主張した。この運動には生物学者では石川千代松、田中義麿《たなかよしまろ》、松村松年《まつむらしようねん》などが参加しているが、医学者、文学者、法学者、軍人、政治家など多彩な顔ぶれが集まった。

ところが、これより早くから積極的に優生学に関心を示し、eugenics に対して「民種改善学」という訳語を作って発言していた東京帝国大学医学部教授で生理学者の永井潜《ながいひそむ》（一八七六～一九五八）はこの協会には参加していない。その代わりに、昭和五年に日本民族衛生学会を創設し、その理事長として活躍する。この学会は五年後の昭和十年には財団としての許可が下り、日本民族衛生協会に改組している。そのときの会員数は約千名。池田の「協会」にも参加していた生物学者たちも含め、医学者、政治家（鳩山一郎、吉田茂など）、法学者、軍人など幅ひろい分野から人々が加わった。

この協会名に「優生」という言葉が使われなかったのはなぜか。そう疑問に思われる読者もおられるであろう。永井は優生学という言葉がいろいろ濫用《らんよう》されていることから、ドイツ語の「ラッセン・ヒギエーネ（Rassen-hygiene）」によって命名したという。永井が参加しなかった池田の優生運動などが念頭にあったのであろう。また、ドイツの運動に傾倒しつつあったからでもあろう。

ところで、人種改良の方法として考えられた一つが「断種」である。望ましくない形質を後代に遺伝させないために、その保持者の生殖能力を断ち切るというものであり、早くからアメリカでは断種法という法律を制定し、実施していた。やがて、ドイツでもナチス政権が発足すると断種が実行されるようになる。ユダヤ人種絶滅作戦もその一環であった。

こうした動きがわが国にも影響を与えることになる。永井潜たちの民族衛生協会も断種法制定の動きを展開する。その結果、生み出されたのが「国民優生法」（昭和十五年）である。第二次世界大戦後、この法律は昭和二十三年に公布された「優生保護法」にとって代わられることになる。

日本での優生運動の歴史を概観されたい方は、以前著者が著した『日本の優生学～その思想と運動の軌跡』（三共出版、昭和五十八年）をご覧いただきたい。また、国民優生法の成立に関しての詳細な研究が松原洋子氏によってなされているし、最近では優生学についての研究書・解説書も多く見られるようになっている（米本昌平・松原洋子・橳島次郎・市野川容孝共著『優生学と人間社会』講談社現代新書、平成十二年、が読みやすい）。

戦争と生物学

明治、大正を経て日本も資本主義国の仲間に入り、特に第一次世界大戦時の地の利もあって、西洋の先進資本主義国との間で市場、植民地などの争奪をめぐって軋轢《あつれき》も高まるほどに成長した。こうした問題を解決する一つの方法として採《と》られたのが戦争政策であった。

政府は戦争政策を遂行するために科学者の世界にも目を向けた。具体的には、戦争に役立つ科学研究や技術開発であった。そのためには科学者を含めて国民の反戦意識や運動などを阻止しなければならなかった。歴史を振り返ってみると、大正末から第二次世界大戦開始までの間にその流れをつくる政策などが年表を埋めている。例えば、治安維持法（大正十四年）、そして国家総動員法（昭和十三年）、科学動員体制などがそれである。

では、生物学ではどうであったか。よく知られているのが細菌学を応用した兵器、いわゆる細菌兵器（生物兵器）である。これに関しては中国大陸で行なわれた「七三一部隊」による残虐行為の実態を明らかにした科学史家の常石敬一《つねいしけいいち》氏の優れた研究（『消えた細菌戦部隊』海鳴社、一九八九年、ちくま文庫、一九九二年）がある。そこにはかなりの医学者、生物学者たちが動員されている。

そうした実践的な兵器の開発とは違って、台湾、朝鮮など植民地として支配した地域での資源調査に従事した生物学者、特に分類学者たちが多く見られる。日本人としてはじめて学名を「ヤマトグサ」につけ、日本の植物分類学を国際的評価を得るまでに高めた牧野《まきの》富太郎《とみたろう》もそうした一人である。第二次世界大戦中には東南アジアにもその場が広げられた。

生物学者たちの戦争観

一方、思想的にも日本民族意識の高揚をはかることもなされ、そこにも生物学者たちがかかわりを持つようになった。生理学者で戦時中に文部大臣になった橋田邦彦《はしだくにひこ》は「日本的科学」という言葉を用いて、非常時局に当たっての科学者の心構えを論じている。

同じく、生理学の立場から戦争を論じた学者がいる。慈恵医大の浦本政三郎《うらもとまささぶろう》である。戦争を純生理学的に捉《とら》え、戦争の仕組みを生理学的な仕組みに対応させて論じている（「生理学的戦争観」『理想』昭和十六年）。浦本は次のように考える。武力戦は人間の動物性官能のうちの腕力の延長、宣伝戦やスパイ戦などは感覚力知覚力叡智力の延長としての働きである。したがって、戦争ではそうしたものに対応する科学の発達が不可欠である。一方、植物的官能の延長としては栄養、呼吸、循環、成長、排出などで生産機構や資源などの経済問題がそれらに対応する。さらに生殖の問題が根本的要素である。戦争では人的資源としての人口問題や国民の素質、体位向上が根本になる。

このように、戦争を生物現象と結びつけて、その必然性を論じた者としては、先の「進化」の項で紹介した小泉丹《こいずみまこと》（「進化学的戦争論」『中央公論』昭和八年十二月号）もその一人としてあげることができる。彼はこの論文の目的を次のように述べて本論に入っている。「この一篇の目的は、戦争の進化を取扱はうといふのではない。戦争の本質をば進化学の見地から吟味することである。而《しか》してその吟味の到達点は、戦争は人類社会に於ける、生物の生殖質（Germplasm）に相当するものに発源し、社会遺伝（social heredity, social inheritance）であり、社会惰力（social inertia）と称すべきものの発動である。その社会惰力なるものは進化説に於けるオルソゼネシス（orthogenesis）に類比すべきものである。而してその惰力には人類の現状に於《おい》て減衰の徴候は認めることが出来ず、寧《むし》ろ加速的であり、従って人類は戦争の軛を末永く負はされているといふことである」

生物学的な立場から戦争を肯定したり解釈をしたほかに、戦時中において自分たち生物学者がなすべきことがどのようなものであるかに言及した人々もいた。例えば、遺伝学者の駒井卓（一八八六〜一九七二）は「此度《このたび》の戦争は被圧迫民族解放の為《た》めだと云はれるが、……この区域に世界の人口の半分位は居るであらう。……天然資源でも此の区域程未開発のまま残つてをる地方は世界でも殆《ほと》んどあるまい。実にすばらしい話でないか。それら民族を啓発し、生活を向上せしめ、且《かつ》資源を調査し開発するには科学の力に待つ事頗《すこぶ》る大きい。殊《こと》に生物資源の事となると吾等《われら》生物学徒の受持つべき分野である」として南方の資源調査や開発に生物学者が積極的に参加することを勧めている（「大東亜戦争と遺伝学」『遺伝学雑誌』第十八巻、「談話室」掲載、昭和十七年）し、同じ遺伝学者の田中義麿《たなかよしまろ》（一八八四～一九七二）も基礎的学問と見られた物理学が応用され、いろいろな現代兵器が開発されている状況を紹介し、「戦時下に於ては不急不要の学問である、研究の為の研究に過ぎないと考へる人があるかも知れないが、……」遺伝学も基礎的な研究ばかりでなく、応用面としての品種改良の研究などで食料増産という面で役立つということを第十六回の遺伝学会大会で講演している（「戦争と遺伝学」『植物及動物』第十一巻）。

駒井も田中も日本の遺伝学界を築き上げるのに尽力した人たちである。戦時下のこと、他の多くの生物学者同様、戦争への協力態勢を取らざるを得なかったのであろうが、私たちは、そこから何らかのことを学ぶ必要があるのではないか（詳しくは、前出『日本科学技術史大系・生物科学』第八章「生物学と思想」のうち著者が担当した「（２）戦争と生物学」を参照していただきたい）。

以上、日本人が近代生物学を受け入れ、消化してきた過程を学者たちの活動を中心に紹介してきた。できうれば、近代化の過程で一般の人々がどのような「生命観」や「生物観」を抱くようになったかを示してみたかったが、実証的に明らかにするには至らなかった。しかし、間接的ではあるが、例えば、丘の進化論書がベストセラーになったことなどから、進化論的、機械論的生命観（生物観）などを共有する日本人が多くなったのではないかと予想される。

「医」をめぐる状況

西洋の「医」の移植

前章において日本へ近代生物学が導入され、それに関する研究や教育が進む中で人々の生命や生物に対する考え方などがどのように変化してきたか、またそれが社会にどのような影響を与えてきたかを含めてながめた。本章では、江戸時代まで続いてきた日本の伝統的な「医」の状況が明治維新以後、どのように変化したか、特に近代生物学の知見が含まれた「医」の導入がどのような影響を与えたか、それによって実際日本人の健康状況はどうなったかなどを検討してみよう。

近代生物学と「医」

古来、日本は朝鮮、中国など大陸との交流を通して、かの地で発達した「医」にかかわる知識や技術などを取り入れ、自分たちの病気への対処に役立ててきた。その後、西洋人たちの渡来にともない、ヨーロッパで発達した「医」の知見が導入されることになる。本節では、東洋的な「医」から西洋的な「医」への転換がどのようになされたかを中心に、日本の「医」をめぐる状況の変化を追ってみる。

脚気角力（相撲）

明治十一年（一八七八）、東京、神田一ツ橋の英語学校跡地に内務省脚気《かっけ》病院が設けられた。そこで遠田澄庵、今村了庵《いまむらりょうあん》（亮）、佐々木東洋《ささきとうよう》、小林恒たち四人の医者が選ばれ、脚気患者の治療に当たることになった。

脚気といえば、現在ではビタミンB_1不足による栄養障害であることが日本の鈴木梅太郎《すずきうめたろう》（一八七四〜一九三四）たちの努力によって明らかにされているが、当時は原因もわからず、治療法も確立していなかった。江戸時代には江戸や大坂、あるいは京都など大都会の武士や商人の間で流行《はや》っていた病で、「江戸煩《わずら》い」とか「よいよい病」などといわれ、人々を不安がらせていた。明治政府はその脚気の治療を先の四人に委《ゆだ》ねたのであるが、そこには当時の医者の世界における「ある」事情があったといわれている。四人のうち、前の二人は東洋医学を身につけた、いわゆる「漢方医」、あとの二人は西洋医学を修めた「西洋医」である。明治政府は脚気の治療をめぐって「漢方医」と「西洋医」のいずれに軍配があがるかを確かめようとしたのであると。世にいう「脚気角力《かっけすもう》（相撲）」である。

すでに、明治七年に医制なるものが公布され、その第三十七条に「医師は医学卒業の証書及び内科外科眼科産科等専門の科目二個年以上実験の証書（従来所就の院長或は医師より出すものとす）を所持する者を検し免状を与えて開業を許す」と記されていた。今後、西洋医学を身につけていないと医師として開業できなくなるというのである。これは当時、全国で数万人いたといわれる漢方医にとっては死活問題であった。当然、反対の声や動きがあったが、こうなることはすでに予測されていた。

ウィリスの活躍

維新期に見られた各地の内戦、特に鳥羽《とば》・伏見《ふしみ》の戦い（慶応四年〈一八六八〉）では負傷者の治療にあたって西洋医学、特に外科的治療が大きな効果を発揮した。エジンバラ大学医学部出身でイギリス公館付の医官ウィリス（Willis, William, 一八三七〜九四）の活躍は有名である。なお、ウィリスは生麦事件《なまむぎじけん》（文久二年〈一八六二〉）のとき、いち早く現場にかけつけ、治療にあたった人物である（アーネスト・サトウ『一外交官の見た明治維新』岩波文庫、昭和三十五年）。

ともあれ、明治政府は西洋医学を病院や大学で採用することを決め、先の医制の公布を行なったのであるが、漢方医たちも無策であったわけではない。医制公布以前の明治三年には日本伝来の医術（和方）と漢方を一体化し、皇漢医道《こうかんいどう》と称して、その推進のために今日の文部科学省に当たる「大学」（役所の名前）にその御用掛を設けるなど、漢方の巻き返しをはかっていた。その延長線上に先の「脚気角力」があったというのである。その土俵が内務省によって準備されたのには、ときの内務卿大久保利通《おおくぼとしみち》（一八三〇〜七八）が漢方に肩入れをしていたからであろうともいわれている。

「脚気角力」といういい方で「西洋医」と「漢方医」とが対立して治療に当たったという評価に対して、「洋方、漢方ともに双方の欠を補完し合っている姿勢が窺《うかが》える」とし、もともとは「明治天皇の脚気罹病に関係あり、天皇の発意による勅旨」のもとに両者の協力体制が敷かれたのであるという指摘もある（宗田一『図説・日本医療文化史』、思文閣出版、平成元年）。

結果はいずれの側にも根本策はなく、効果にそれほどの差は現れなかったという。その後も医師免許規則の改正を求める運動がなされたが、いずれも失敗に終わった。

西洋医学の優越性
〜外科治療と解剖学

明治政府が漢方医学より西洋医学に信頼をおいた理由の一つは、外科的治療が優れていたことであった。外科的治療を上手《うま》く行なうためには患者の痛みを抑えるための麻酔術や消毒法が優れていることが望ましいが、人体の構造に関する正確な知見も必要である。そのための学問として登場するのが解剖学である。

解剖学の流れ

西洋医学の起原といえば、四体液説（病気は血液、粘液、黄胆汁、黒胆汁という四種の体液の量的バランスの乱れ）を唱えたギリシャのヒポクラテス（紀元前四六〇年ごろの生まれ）が思い起こされる。そのヒポクラテスの書いたものとされる外科書があり、その中に戦場や闘技場での骨折、脱臼《だっきゅう》、あるいは傷などの治療方法が述べられている。すでに関節など骨のつき方などの知識はあったそうである（川喜多愛郎『近代医学の史的基盤』岩波書店、昭和五十二年）。このギリシャ時代の解剖学的活動に関しては、プロローグで取り上げたガレノスのものがあるが、彼はもっぱらブタなどの動物を解剖し、そこから類推して人体の構造と生理について持論を展開した。ほぼ、同じころ中国では医学の古典といわれる『傷寒論』（二一〇年ごろ）の著者張仲景（紀元後一四〇年ごろの生まれ）が活躍しているが、人体解剖にはあまり注目していない。

中世になると、内科に重きがおかれ、外科的処置を施《ほどこ》す人々は職人として扱われ、医者仲間には入れられなかった。内科医たちはもっぱらガレノスなどの著した医学の古典に目を通すことを仕事とし、自分で実際に患者にふれ手術をするのを嫌った。権威にかかわると考えていたようである。その代わりをしたのが理髪師たちであり、彼らは理髪外科師と呼ばれていた。現在でも理髪店の看板に赤、青、白の三色が使われているのは、その名残《なご》りであるといわれている。ちなみに、赤は動脈、青は静脈、白は包帯（一説によれば神経）を表しているそうである（ただし、イギリスでは瀉血治療の名残りから赤と白の二色を使った看板が見られていたという）。

「学者」と「職人」の壁の崩壊

十六世紀になると学者と職人との壁が徐々に崩されていく。ルネッサンス期の実証精神の影響でもある。すでにプロローグで述べたように、イタリアのヴェサリウスは学者側からその壁に穴を空けた。彼より早くレオナルド・ダ・ヴィンチ（Leonard da Vinci, 一四五二～一五一九）も人体解剖を行ない、優れた解剖図を描き出していたが、世の中に知られることもなく、のちの人々に影響を与えることはほとんどなかった。それに対して、ヴェサリウスの場合にはパドゥア大学で教鞭をとっており、この分野の後継者を育て、その後の解剖学の発達に大きな影響を与えている。ちなみに血液が体内を循環することをはじめて実証したイギリスの医者ハーヴィ（Harvey, William, 一五七八～一六五七）もこの大学に留学している。

解剖学の発達によって人体の構造をより正確に知ることができるようになり、それが外科治療技術の進歩に結びつくことになったが、はじめに述べたように、その他に患者の痛

図17　ポンペ

みを押さえるための麻酔術と消毒術の発達が必要であった。麻酔術といえば日本ではマンダラゲなどを用いて文化二年（一八〇五）に全身麻酔を行なった華岡青洲《はなおかせいしゅう》（一七六〇〜一八三五）が有名であるが、これは西洋で本格的な麻酔剤としてエーテルを用いた手術が行なわれるほぼ四十年も前のことであった。しかし、華岡の方法は受け継がれないで、のちにエーテルに代わって採用されたクロロホルムを用いる方法が長崎養生所のオランダ軍医ポンペ（Pompe, van Meerdervoort, 一八二九〜一九〇八）によって日本にもたらされた（安政四年〈一八五七〉）。

一方、消毒術に関してもはじめは経験知にもとづいた方法が提案、実施されてくるが、のちに細菌学の登場によって、より科学的な治療方法が編み出される。それについてはのちに紹介することにする。

「医」の専門家たち

「医」の専門家というと、すぐ医者のことを思い出す方が多いであろうが、ほかにも「薬学者・薬剤師」「看護師（看護婦）」などが存在する。本来はこれらすべての分野についての状況も取り上げるべきであるが、ここでは紙面の都合で「看護師」養成の状況については省略する。

ドイツ医学への傾倒

幕府の「西洋医学」への転換政策は維新後も新政府によって引き継がれることになった。問題は「西洋」の中でどの国の医学を移植するかである。ポンペたちオランダのものか、維新戦争中、外科治療で功績を上げたウィリスの国イギリスか、それともアメリカやフランスか、関係者の間ではいろいろな駆け引きもあったようである。

著者の手元に医学史家の長門谷洋治氏が作成した幕末から明治中期ごろまでの「来日外人医学関係者」の一覧表がある（日本科学史学会編、中川米造・丸山博責任編集『日本科学技術史大系・医学1』第一法規出版、昭和四十年）。それを国別に数えてみたところ、一番多かったのがアメリカ人で三十人、ついでドイツ人の二十三人、その次がオランダ人で十八人、このなかにはポンペも、彼のあとを継いだボードインも含まれている。そのあとにイギリス人（十五人）、フランス人（四人）、オーストリア人（一人）、不明三人と続き、合計九十四人であった。所属した場所で調べてみると、のちの東京大学医学部になる大学東校（明治二年）にはドイツ人が六人、フランス人が一人。また、それが明治七年に改称された東京医学校にはドイツ人九人、オランダ人一人。さらに東京大学（明治十年創立）になってからもドイツ人が二人、イギリス人一人というように、ここでは圧倒的にドイツ人が多い。明治政府は結果としてはドイツ医学を中心にした「西洋医学」を採用することに決めたのである。

ドイツ医学移植の経緯

では、どうして、またどのような経緯でドイツ医学を移植することになったのだろうか。明治新政府は明治二年医学取調御用掛として佐賀藩の相良知安《さがらともやす》（一八三六～一九〇六）と福井藩の岩佐《いわさ》純《じゅん》を任命した。彼ら二人とも佐倉にあった順天堂《じゅんてんどう》の佐藤尚中《さとうしょうちゅう》の弟子、またいずれも長崎でボードイン（Bauduin, A. F.）の指導を受けている。まして岩佐はポンペにも師事している。そうであれば、彼らはオランダ医学を採用するよう提案しても良さそうであったが、ドイツ医学を推薦した。彼らが学んだオランダの医学書の多くがドイツ医学書の翻訳であることを知っていたからであるといわれている。

しかし、この提案がスムースに受け入れられたわけではない。オランダとの長い友好関係、あるいはイギリス人ウィリスの処遇をどうするかなどを理由に反対論もあった。それに決着がつけられたきっかけは、当時開成学校の教頭をしていたオランダ生まれのアメリカ人フルベッキ（Verbeck, G.F., 一八三〇～九八）のドイツ医学が当時世界的にみてももっとも進んでいるという意見である。彼はもともとは工業技師でアメリカに渡ってから宣教師になり、日本にやってきたのであった。母国オランダでなく、ドイツを推薦することになった理由が単にドイツ医学の優秀性のみにあったのかどうかはわからないが、彼の弟子に大隈重信《おおくましげのぶ》や副島種臣《そえじまたねおみ》などがいたことも関係しているのかもしれない。

いずれにせよ、明治三年（一八七〇）日本とドイツの間で教師派遣の契約が結ばれ、翌年陸軍軍医のレオポルト・ミュルレル（Müller, Benjamin Carl Leopold, 一八二四～九三）と海軍軍医のテオドール・ホフマン（Hoffmann, Theodor, 一八三七～九四）が来日し、大学東校で教育を開始した。

ミュルレルたちの計画

日本へやってきたミュルレルたちは職場である大学東校の状況をチェックした。ただし、大学東校は彼らが赴任した時には、単に「東校」という名に変更された。それまで「大学」という役所の組織下にあったのが、その役所が廃止され、新たに文部省ができ、その監督下におかれたことによる改名である。

幕末の医学所の流れを汲む東校の実情は、彼らにとっては不十分なものに映ったのであろう。早速、ドイツ流の医学教育を実施するために本科五年と予科三年という修学期間を決め、そのためのカリキュラムづくりまで計画した。しかし、できるだけ早く医者を育てたいという日本側の考えもあって、翌年の明治五年（一八七二）には予科の修学期間は二年に縮小された。なお、この年から「東校」は「医学校」、そして明治七年には「東京医学校」と改名されている。彼らが予科を重視したのには、医学の専門を学ばせるうえでの基礎的な科学知識が不足しているとみたからであろうか。化学のワグネル（Wagner, G. 一八三一～九二）、動物学のヒルゲンドルフなどを予科の教師として招聘《しょうへい》し、学生たちの指導に当たらせた。森鷗外がヒルゲンドルフの学生であったことはすでに「バイオロジーの受容」の章で紹介した通りである。一方のワグネルは本科生に窮理学《きゅうりがく》（物理学のこと）、化学を、予科生には代数学、幾何学、算術を教授した。ミュルレル自身は本科において主として外科を、仲間のホフマンは主として内科をそれぞれ担当したが、別に医員には繃帯、整骨、診断法などを教えたという。

　ミュルレルたちは明治七年八月に雇用期間が満期になり、宮内省の侍医になったが、後任の到着が遅れ、兼務を依頼されている。先の資料の中には「此月冬半期ノ課業畢《おわ》ル、乃《すなわ》チ文部大輔以下饗応ノ席ヲ設ケ其労ヲ謝シ、及ヒ来着以来之勲績ヲ讃述シ、各々本邦旧貨幣一揃、紫銅花瓶壱対、緞子弐巻ヲ贈ル」という記述が見られる。ついでだが、この年、ヒルゲンドルフたちも百円の増給を得ている。日本への近代医学の定着のためとはいえ、当時の一般市民の給料にくらべるといかに厚遇されたかが知られる。

図18　ミュルレル

　当然、早く日本人の手になる医学教育の実現が求められることになる。

「西洋医」の不足

　すでに紹介したように、医制が交付された明治七年には日本全体で漢方医が約二万三千人、西洋医が約五千人であった（『医制八十年史』）。当時の日本の人口三千五百万人から見ると七千人に一人という割合、圧倒的に西洋医が不足しており、その養成が急務であった。ちなみに現在の人口に対する医師の割合は、国民約五百人当たり一人という統計値が得られている（平成十二年度、厚生労働省）。もちろん、平均値であるから医師の過剰地域もあれば、不足しているところ、極端には無医師地域（無医村など）もある。

医師・薬剤師たちの養成

明治政府は明治十年、東京大学発足とともにそれを一つの学部（医学部）として医学教育の中核に据《す》えた。地方によっては旧藩体制下で設置されていた医学所や医学校をそのまま公立の医学専門学校として存続させた。そうした一つに大阪医学校（明治二年開設）があるが、図19はそこで使用された教科書の一つである。一方では、私学の立場からの医学教育の場として明治六年から明治十三年まで開かれた慶応義塾医学所や明治九年から明治三十六年まで続いていた済生学舎《さいせいがくしゃ》、あるいは明治十二年設立の順天堂塾などが顔をのぞかせている。このうち、慶応義塾医学所は当時ドイツ語による医学教育が主流であったのに対してアメリカのペンシルベニア大学医学部教授のハートショーン（Hartshorne, H.）の本を使い、英語で教えたという点でユニークな存在であった。この医学所の学生募集の広告が当時の『東京日日新聞』に載せら

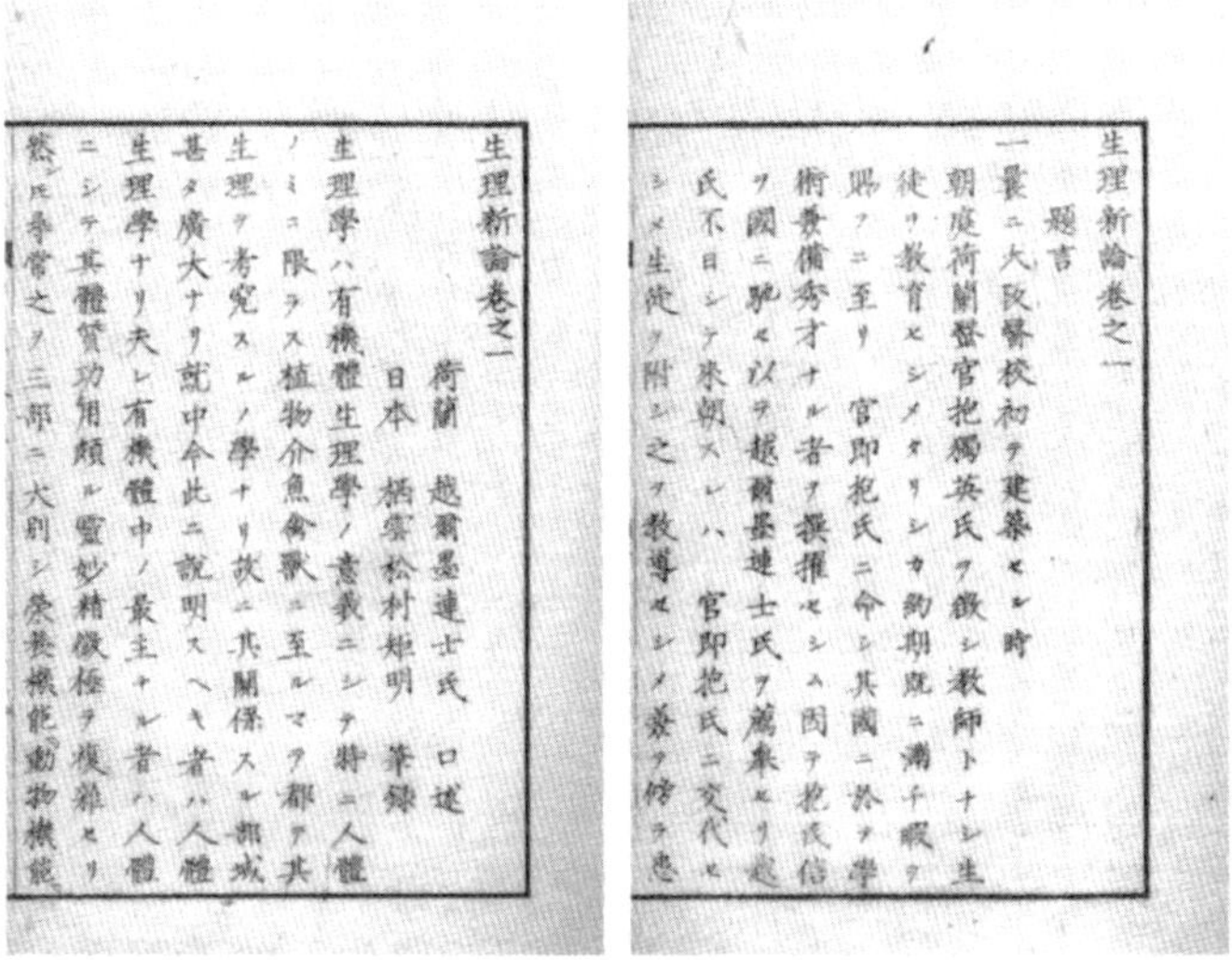

生理新論巻之一
題言
一曩ニ大阪醫校初テ建築セル時
朝庭荷蘭醫官抱爾英氏ヲ徴シ教師トナシ生
徒ヲ教育セシメタリシカ約期既ニ満チ暇ヲ
賜フニ至リ　官即抱氏ニ命シ其國ニ於テ学
術兼備秀才ナル者ヲ撰擢セシム因テ抱氏信
ヲ國ニ馳セ以テ越爾斯蓮士氏ヲ薦挙セリ越
氏不日シテ来朝スレハ　官即抱氏ニ交代セ
シメ生徒ヲ附シ之ヲ教導セシメ兼ヲ倍テ患

生理新論巻之一
荷蘭　越爾斯蓮士氏　口述
日本　栖雲松村矩明　筆録
生理學ハ有機體生理學ノ意義ニシテ特ニ人體
ノミニ限ラス植物介魚禽獣ニ至ルマヲ都テ其
生理ヲ考究スルノ學ナリ故ニ其關係スル部域
甚タ廣大ナリ就中今此ニ説明スヘキ者ハ人體
生理學ナリ夫レ有機體中ノ最主ナル者ハ人體
ニシテ其體質功用頗ル靈妙精微極テ複雑セリ
然シ氏尋常之ヲ三部ニ大別シ營養機能動物機能

図19　医学教育に使用された教科書（『生理新論』巻一）

れており、授業一課（一時間に付）月謝七十五銭であることも記されている。一時はかなりの生徒が集まったようであるが、やがて経営難から閉校に追い込まれる。なお、慶応義塾大学に医学部が創設されたのは大正九年（一九二〇）のことである。

済生学舎は佐倉順天堂に学び、さらに松本良順《まつもとりょうじゅん》にも師事し、のちに東京医学校校長にもなった長谷川泰《はせがわたい》（一八四二～一九一二）によって設立されたもので、西洋医の育成と西洋医学の普及に積極的な役割を果たし、開学期間中に一万五千人以上の医師開業試験の合格者を出したといわれている。野口《のぐち》英世《ひでよ》（一八七六〜一九二八）もここに学んだ一人である。野口のような正規の医学教育を受けられなかったものにとって、済生学舎は医師開業試験に合格するための貴重な学びの場であったし、女性で医者を目指《めざ》すものにとっても明治十八年から唯一門戸を開いてくれたところであった。野口が入学した明治三十年より早く明治二十二年医師を志し、明治二十五年に医師開業試験に合格、医師免許証を手にした吉岡弥生《よしおかやよい》（一八七一〜一九五九）もここの出身である。

ところで、先の一覧のなかに五十三人の女生徒が含まれていたが、これはすべて明治十年に創立された温古堂（伊勢国津立町）に所属していたものである。教員は一人、山内養順が校長であることが記されているが、山内養順がいかなる人物で、何をめざして女子の教育を行ない、その結果がどうなったか今のところ著者にはわからない。

日本ではじめて有資格女医となったのは荻野吟子《おぎのぎんこ》（一八五一〜一九一三）である。先に紹介した吉岡弥生よりも七年早い明治十八年のことである。女性が医者になる道がいかに厳しかったか、また女医に対する偏見がいかに大きいものであったかは、荻野の生涯を題材にした渡辺淳一氏の小説『花埋《はなうず》み』（河出書房新社、昭和四十五年）を通してうかがうことができる。平成十年（一九九八）時点の女医数は全国の医師総数約二十五万人のうちの約三万五千人であり、割合は一四%となっている（『国民医療年鑑』日本医師会、平成十二年版）。まだまだ男性が主体の医学界であるが、荻野や吉岡たちの努力が実を結びつつある。

西洋薬学の導入

日本では正倉院宝物《しょうそういんほうもつ》の中に「薬物」として納められているように、薬は古くから中国や朝鮮などから取り込まれ、漢方薬として病気の治療に用いられてきていた。しかし、西洋医学への転換はその薬のあり方にも変化をもたらすことになる。西洋医学で使われる薬は、古くは漢方薬と同様に自然のものであったが、十六世紀にみずからをパラケルスス（Paracelsus, Philippus aureolus, ギリシャ時代の薬の研究者ケルススを凌ぐという意味）と称したスイスの医学者、錬金術者《れんきんじゅつしゃ》のテオフラストス・ボンバストス・ホン・ホーヘンハイム（T. B. von Hohenheim, 一四九三～一五四一）が人間の病気は体内での化学作用が不適切なために起こるものなので、適切な化学薬剤によって治すことができるはずであるという考えを公《おおやけ》にして以来、十七世紀に入るといくつかの化学薬剤が登場することになった。その後、化学、特に有機化学の進歩によってさまざまな化学薬剤が生み出されるようになる。「西洋医学」への転換をはかった日本にとっては当然、そうした化学薬剤についての知識を持った人材の育成が必要になってきた。では、それはどのようになされたか。それに関連して、山崎幹夫氏著の『薬と日本人』（吉川弘文館、平成十一年）や、薬学史家の天野宏氏が著した『概説薬の歴史』（薬事日報、平成十二年）などが近年出版されているので、詳しくはそれらに譲り、ここでは簡単な紹介にとどめておこう。

まず、国としては明治六年第一大学区医学校に製薬学科を置き、定員二十名として学生募集を行なっている。すでに述べたように、医学校は東京医学校と改称され、明治十年には東京大学医学部となった。したがって、製薬学科も東京大学医学部の一つの学科となった。手元にそのときの教員名簿があるが、そこには製薬学（ドクトル・ゲオルク・マルチン）、製薬化学及び算術（オスカル・コルシェルト）、薬剤学（樫村清徳教授）、製薬学（柴田承桂教授）、製薬学（大井玄洞助教）、製薬学（前田秀村教員）という授業科目と担当者が記されている。この中で柴田《しばた》承桂《しょうけい》（一八五〇〜一九一〇）は明治四年から明治七年までドイツへの留学を命じられ、かの地の薬学を身につけ、帰国後、文部省出仕、東京大学医学部教授、内務省御用掛、東京・大阪司薬場長などを歴任し、日本の薬学界の発展に貢献した。前章で取り上げた生物学者の柴田《しばた》桂太《けいた》は彼の息子である。

こうして西洋薬学の導入は医学校、東京大学を中心に進められることになったが、医学にくらべ、薬学に対する評価は必ずしも好ましいものではなかった。例えば、明治十九年、帝国大学令が公布され、医学部が医科大学に改組されるとき、あやうく製薬学科がなくなるところであったし、薬学の学位も冷遇されたという。はじめての薬学博士の学位は、かつて柴田の学生であった下山順一郎《しもやまじゅんいちろう》、丹波敬三《たんばけいぞう》の両氏が明治三十二年に受けている。それまで所属学部に対応した学位名であったものが所属学科名に改められたことによる。ちなみに東京大学に医学部から独立して薬学部が設置されたのは昭和三十三年（一九五八）のことである。

薬剤師の養成

一方、「医制」の中で医師による薬の売買が禁じられ、薬の調合は薬舗主などに限られ、さらに薬舗開業試験・免許制度が規定されたこともあって、薬舗主の育成をめざす動きが盛んになった。明治十五年、教育令にもとづき、「薬学校通則」なるものが出され、薬学の専門学校が設置できるようになった。各地で公立や民間の薬学校が開設されたが、その消長は激しかった。済生学舎も明治二十年に薬学部を設置し、薬舗開業試験を受ける学生に対応している。その翌年の明治二十一年、先に紹介した下山順一郎を校長とする私立薬学校が東京でスタートした。その前年、ドイツ留学から帰った下山が日本の薬学教育の貧困さを憂《うれ》いて、すでに明治十三年から存在していた東京薬舗学校（明治十六年、東京薬学校と改称）と明治十九年設置の薬学講習所を合併させ、より充実した薬学教育をめざしたものであった。

それにしても最近の漢方薬ブームをどう解釈したら良いだろうか。文明開化とともにもてはやされることになった西洋の化学薬剤は、副作用などの問題点を抱え、今、ふたたび見なおされるようになっている。一方で、患者のためというよりも医業と薬業という視点から薬業側から展開された当時の分業運動は目的を達成できなかったが、現在では分業化も進んでいる。しかし、もし、医者と薬剤師との有機的連携のないまま分業化が進んだらどうであろうか。「医食同源《いしょくどうげん》」などという言葉も見られる今日、「医薬同体」（？）という漢方のありかたにも見習うことがあるような気がする。

生物学的医学の展開と日本人の活躍

細菌学の勃興

西洋の医学は生物学の影響を大きく受けることになる。例えば、十七世紀のハーヴィによる血液循環の発見は治療法の一つとしての静脈注射なる方法を生み出すことになったし、十九世紀における細菌学の発達は伝染病の治療を大きく進展させた。本節ではそれらの状況を概観するとともに、日本の医学者たちがそれにどのようなかかわりを持ったかを、主として細菌学分野に視点を当てて検討してみよう。

顕微鏡の登場が大きくかかわりを持つできごとが十九世紀の後半、医学の世界で見られた。それが細菌学の勃興であり、フランス、ドイツを中心に展開されることになる。

すでに、十七世紀に顕微鏡が発明され、それを用いての微小世界への探検がはじまっていた。その流れの中でレーエンフック（Leeuwenhoek, A. van, 一六三二〜一七二三）によって微生物が観察されているが、まだ、病気との結びつけはされていない。病気との結びつけのきっかけとなったのは、時代も下がり、十九世紀になってイタリアのバッシ（Bassi, Agostino, 一七七三〜一八五六）がカイコのカルチーノと呼ばれる伝染病について研究したことである（一八三五年）。バッシはその病気がある種のカビによって伝染することを実験によって証明し、人間の病気でも同じようなことがあるのではないかと論じた。

病気と微生物

こうした流行病に関する知見が増えるにつれて、それを分類する試みも生まれた。ドイツ・ロマン主義的医学に飽き足らず、それへの造反をした人物として有名なチューリッヒのヤーコブ・ヘンレ（Henle, Friedrich Gustav Jakob, 一八〇九〜八五）は流行病を三つに分けて考えた。すなわち、ミアスマ性の病気、伝染性の病気、そして中間のミアスマ性・伝染性の病気である。ミアスマとは腐敗した有機物やよどんだ沼沢《しょうたく》から発生するものをいい、それが病気の原因になるという考えが古くからあった。ちなみに彼はマラリヤをそこに分類している。中間のものには天然痘《てんねんとう》、コレラ、猩紅熱《しょうこうねつ》、ハシカなど、伝染性のものには梅毒《ばいどく》、狂犬病、疥癬《かいせん》などがそれぞれ含められている。今からみると滑稽に思われるかもしれないが、まだまだ病原体が明確になっていない時代、彼としてはベストの考えであったといえよう。一八四〇年出版の『ミアスマ及び感染について』なる彼の論文について、「後に発達する病原細菌学を予言している」という評価も見られている（小川鼎三『医学の歴史』中公新書、昭和三十九年）。

コッホの活躍

その病原細菌学やひろく細菌学で名を馳《は》せたのがコッホ（Koch, Robert, 一八四三～一九一〇）やパスツール（Pasteur, Louis, 一八二二～九五）たちである。彼らについての伝記は多種出版されているので、詳しい紹介はそれらに譲ることにするが、前者はドイツ、後者はフランスをそれぞれ母国としている。その両人が生きていた同じ年（一八七〇年）にフランスとプロシア（ドイツ）の戦争が起こっている。そのとき、ドイツの大学から学位を受けていたパスツールがそれを返還したというのも有名な話である。しかし、細菌学の世界ではパスツールはコッホを高く評価していたという。

では、コッホは細菌学、とりわけ病原細菌学でどのような業績をあげたのであろうか。彼はゲッチンゲン大学に学んでいたとき、ヘンレの感染説に関心を示したという。その延長として顕微鏡を用いて、破傷風《はしょうふう》病原体（一八七八年）、結核菌（一八八二年）、コレラ菌

（一八八三年）と次々に病原体を発見した。また、細菌の検査方法の開発（一八七七年）、細菌の純粋培養法（一八八一年）、さらには結核ワクチンのツベルクリンの製造（一八九〇年）も多くの研究者から注目された仕事であった。

病原細菌学は次々と各種の病原菌を暴《あば》き出していく。チフス菌（エーベルト、ガフヤー、一八八〇年）、肺炎菌（フレンケル、一八八四年）、ジフテリヤ菌（クレブス、レフレル、一八八三年）、ペスト菌（北里、エルザン、一八九四年）、赤痢菌《せきりきん》（志賀、一八九七年）などである。しかし、あまりにも細菌学にのみ目を向けたために、脚気《かっけ》にまで病原菌がいると考える人も現れた。実はコッホも脚気が伝染性であると考えていたようであるし、あとで登場するが、はじめて日本へ細菌学を導入した緒方正規《おがたまさのり》も、ドイツ留学から戻ったとき第一声としてあげたことが脚気菌の発見であった（明治十八年）。

細菌の培養技術の進歩によって、細菌の毒素の抽出の研究、さらに血清の中にその毒素に対する抗体（抗毒素）を作り出し、治療に用いるという、いわゆる血清療法の開発が進み、ペニシリンなどの抗生物質開発前における伝染病対策に大きな効果を生み出すことになる。この血清療法開発の分野で先駆的役割を果たした一人が日本の北里柴三郎《きたざとしばさぶろう》である。

北里柴三郎の活躍

神奈川県北部に位置する相模原市へ東京から移ってきた北里大学がある。その医学部校舎の前に一つの恰幅《かっぷく》のいい銅像が建てられている。いうまでもなく、先に紹介した血清療法開発の先駆者北里柴三郎（一八五二〜一九三一）の雄姿である。

北里は明治十六年（一八八三）東京大学医学部を卒業すると、先に紹介した緒方正規（東京大学教授）が指揮する内務省衛生試験所細菌室に入り、その指導を受けた。その年の十二月から明治二十五年五月までドイツに留学し、主にコッホの指導を受ける。その間に破傷風菌の純粋培養に成功し、その延長として破傷風の抗毒素抗体の発見、そして血清療《けっせいりょう》法《ほう》の発明、さらにはベーリング（Behring, Emil Adolf von, 一八五四〜一九一七）と共同でジフテリアの血清療法の開発を行ない、その能力を遺憾なく発揮した。

コッホが北里の才能を認めていたと思われる話がある。それは石黒忠悳《いしぐろただのり》が大正五年（一九一六）に開かれた東京顕微鏡院創立二十五周年祝典で祝辞として語った次の言葉である。

「私は明治二十二年に欧羅巴《ヨーロッパ》から帰りました時には、確かコッホ先生が何でも結核黴菌《ばいきん》を既に見付けまして、……（中略）……其時には北里君が行つて居られまして、北里君の留学年限が尽きると云ふのでありまして、コッホ先生が私に向つて、此人《このひと》の留学年限が当年で尽きるさうだが、今帰るのは甚《はなは》だ惜しい、此人の為《ため》には大きに期する所があるから、どうかお前此留学年限を延べる事を云ふて呉れと、私の旅宿まで来てコッホ先生から頼まれて、それで私は内務大臣の山県さんに手紙を書きまして、それで北里さんの留学年限も延びたやうな事でございます。……」（前出『日本科学技術史大系・医学1』）

確かに、北里は留学期間を二回延長してもらっている。

伝染病研究所

北里は帰国すると、その年に『大日本私立衛生会雑誌』第一一〇号に「伝染病研究所設立ノ必要」なる論文を載せている。この大日本私立衛生会とはコレラの大流行をきっかけに、一般の人々への衛生知識の普及などをめざして、明治十六年に医師や一般人などで創立されたものである。

北里はその論文の中で、細菌学の進展の状況を説明したのち、まだまだ日本の赤痢菌などの伝染病で未解決のものが多くあることをあげ、「右ノ如《ごと》ク日本ニ於《おい》テハ外国ニ少ナキ伝染病アリテ年々ノ死亡数ハ伝染病ニ因スル者其《その》大部ヲ占ムルガ如キ景況ナレバ伝染病ノ途未ダ開ケザルコトナレバ格別今日ノ如ク其研究ノ方法其緒ニ就《つ》キタル以上ニハ其原因ヲ検索シ其予防治療法ヲ講究スルコトハ誠ニ必要止《や》ム可《べか》ラザルモノニシテ研究ノ仕方ニ於テハ喜ブベキ成績ヲ収メ得ルハ必然ナリ故ニ日本ニ於テ伝染病研究所ノ設立ハ蓋《けだ》シ止マント欲シテ止ムル能《あた》ハザルナリ」と訴えている。

これに答えたのが福沢諭吉《ふくざわゆきち》である。福沢の支援もあって、この事業は大日本私立衛生会が引き受け、その付属として明治二十五年にスタートを切る（次ページ図21）。翌年からは国からも補助が得られることになり、さらに明治三十二年には国立の研究所となった。

まもなく、国に移管されることになる明治三十年にその伝染病研究所において志賀潔《しがきよし》（一八七〇〜一九五七）が赤痢菌を発見した。この発見をめぐっては前史がある。北里を細菌学に導いた東京大学の緒方は、赤痢の病原を一種の桿菌《かんきん》であると主張していたが、北里はアメーバが原因であると考えていた。しかし、北里の弟子である志賀は東京や大阪での流行の際、患者の便から桿菌の一種を検出し、これが赤痢の病原菌であると発表したのである。三代にわたる師弟の間での意見の食い違いというできごとをどう評価するか、読者の皆さんのご判断におまかせしよう。ちなみに、現在では赤痢には赤痢アメーバによるものと赤痢菌によるものがあることが知られている。

いずれにせよ、日本での病原細菌学分野のスタートは世界的に見ても早い方であったし、その研究成果もすばらしいものであった。それには先の緒方と北里との論争など、よい意味で東京大学と伝染病研究所がお互いにしのぎを削って研究が行なわれたことが背景にあ

図20　北里柴三郎

図21　明治27年頃の大日本私立衛生会附属伝染病研究所

るようである。

その伝染病研究所が大正三年、突然、内務省から文部省に移管され、東京帝国大学医科大学の付属となることになった。北里たちにとっては寝耳に水。当時、医科大学の学長と北里は対立関係にあったこともあって、北里たちは伝染病研究所を辞任し、その年、新たに自分たちの研究の場をつくることになる。それが北里自身が私財三十万円を投じて立ち上げた北里研究所である。この北里研究所はその後、種々の感染症の病原体の研究、その治療のためのワクチンや化学療法剤の開発研究などを進め、今日に至っている。

梅毒研究と野口英世、そして秦佐八郎

流行病といえば、梅毒も大きな問題であった。日本へは中国あるいは琉球を通じて十六世紀に入ったといわれている。その伝来経路から唐瘡《とうそう》あるいは琉球瘡《りゅうきゅうそう》と呼ばれた。すでにヨーロッパでは十五世紀に大流行し、やがてインド、中国などアジアに伝えられた。

治療法らしきものがない状態が続き人々を悩ませたようであるが、病原細菌学の進展とともに、梅毒への関心も高まり、一九〇五年、ドイツのシャウディン（Schaudinn, Fritz）とホフマン（Hoffmann, Erich）が共同で、患者の潰瘍分泌液《かいようぶんぴつえき》の中からその病原体を発見した。それは長さ三〜五〇〇ミクロンの大きさの繊細ならせん状のスピロヘータの仲間であった。

医学書などには、梅毒の病原スピロヘータは「梅毒トレポネーマ」と呼ばれていて、一方の端に三〜八本の鞭毛《べんもう》があり、純培養はできないと書かれている（伊藤正男他編『医学書院医学大辞典』医学書院、平成十五年）。

ところが、一九一一年に「トレポネーマ・パリドゥムの純粋培養」という論文が発表された。その著者こそ当時アメリカのロックフェラー研究所にいた野口英世《のぐちひでよ》である。野口は一時伝染病研究所にもいたが、そこを訪れたアメリカのフレクスナーと知り合い、それがきっかけで渡米し、ロックフェラー研究所に入ることができた。

野口はそこで梅毒の研究に首を突っ込み、病原体の純粋培養の成功をめざして努力を重ねた。このあたりの様子は、いくつかの伝記に記されている（中山茂『野口英世』朝日新聞社、昭和五十三年）。しかし、ほかの研究者が追試を行なったが、純培養に成功するものはいなかった。そのため、野口の研究に対しての評価は現在でも分かれている。

梅毒の療法としては病原体が発見される以前には水銀《すいぎん》を塗ることが有効だとされていた。これは水銀が使われた刺青《しせい》（いれずみ）の場所には発疹《ほっしん》が起こらないという経験から考え出されたものである。これに対して、本格的な治療法を編み出したのがドイツのエールリッヒ（Ehrlich,Paul, 一八五四〜一九一五）と日本の秦佐八郎《はたさはちろう》（一八七三〜一九三八）である。

彼らは砒素《ひそ》の入った合成化学物質であるサルバルサンが梅毒に効くことを明らかにしたのである（一九一〇年）。

実はエールリッヒはそのころ、アフリカの眠り病などの病原虫であるトリパノソーマ（鞭毛虫の仲間）の特効薬を探して、数百にものぼる化学物質の合成を行なっていた。秦より先にドイツへ留学した志賀はエールリッヒのもとで、この抗トリパノソーマ作用の研究をし、一九〇四年にエールリッヒとともに有効物質（トリパン赤と命名）を見つけている。そのあと、秦はエールリッヒのもとに留学し、スピロヘータの研究を命じられていたのである。

「ノーベル賞問題」

ところで、北里の師コッホも、共同研究者のベーリングも、また秦の師事したエールリッヒもノーベル賞受賞者の仲間入りを果たしている。北里は細菌学で名声を得たが、残念ながらその仲間にはなれなかったし（詳しくは、中村禎里「血清療法の先着権」『生物学史研究』五六号、平成四年）、秦も同様である。このあたりをどう解釈してよいか。当時はまだまだ、日本人科学者への西洋人の評価はかならずしも高くはなかったのだろうか。

しかし、基礎医学の分野でその候補に上がったといわれている人物が何人かいる。例えば、ウサギにコールタールを繰り返し塗り続け、人工的に皮膚がんを作るのに成功した東京大学の山際勝三郎《やまぎわかつさぶろう》（一八六三〜一九三〇）は一九二六年度ノーベル医学生理学賞を最後まで争ったが、結局はデンマークのフィビガー（Fibiger, J. A. G., 一八六七〜一九二九）にその座を譲っている。一説では東洋人にノーベル賞を与えるのは時機尚早という理由が優先したという。これには、のちにフィビガーの実験が誤っていたことが判明するという落ちまでついている。また、神経生理学で活躍した慶応義塾大学の加藤元一《かとうげんいち》（一八九〇〜一九七九）も候補にあがったといわれている。すでに紹介したように、この加藤は神経を興奮（信号）が伝わる仕組みについて、京都帝国大学時代の恩師石川日出鶴丸《いしかわひでづるまる》がドイツ留学時代に師事したフェルボルンのものと異なる見解を発表し、石川と対立したことでも有名である。

一般市民への「医」の知識の普及

日本における「医」の世界での西洋への傾斜は、それまで東洋の「医」や民間療法に依存していた人々にも影響を与えることになる。政府としても「医」の専門家の養成にのみ目を向けているわけにはいかなかった。人々への新しい「医」の知識の普及が必要となる。その普及は学校教育や社会教育活動を通して行なわれることになる。この節では、それぞれの状況、そして人々の健康状態の変化についてながめてみよう。

学校教育を通しての普及

今日、学校では「医」に関係する教育は「理科」「保健体育」「家庭」などの教科、最近では「総合的な学習の時間」、特別教育活動などで行なわれている。では、明治のころはどのように行なわれていたのであろうか。

明治期の「医」の教育

明治五年（一八七二）に「学制」が施行され、各地に小学校や中学校が設置されることになった。すでに「バイオロジーの受容」の章で明治初期の小学校や中学校における授業科目などについて紹介した。その授業科目の中で「医」にかかわるものといえば、「養生口授」「生理」「博物」「動物学」などであるが、明治十二年に「教育令」が出されると、小学校高等科では「修身」「理科」の中で、さらに明治十九年の「小学校令」では「修身」「理科」のほかに「体操」の中でそれぞれ「医」に関連する内容を学習するようになった。おそらく「修身」では日常生活の中で衛生などに気をつけようというねらいがあったのであろうが、徳育重視への傾斜の現れであろう。その一方で、知識偏重を憂《うれ》える文部省は「体操」教育にも力を入れるようになる。ここには健康な体を作ることから病気を防ぐという目的があったのであろう。なお、明治十九年の「中学校令」では「博物」の中で「人体の生理及衛生」なる項目が設けられ、「医」関連の講義を行なうよう定められた。

ここでは、当時のいくつかの教科書の内容を『日本教科書大系』やその他の資料に収められているものを中心に検討してみる。

例えば、明治八年刊の田中芳男《たなかよしお》閲『小学読本』巻五（博物教材）では内容が二十回に分けられて学ぶようになっているが、その第六回が「健康」「養生」などのキーワードで表せる内容になっている。また、すでに「バイオロジーの受容」の章でも紹介したが、当時もっとも普及したといわれる生理教科書『初学人身窮理』（同章に紹介ずみ）では十七章のうち、最後の三章を「健康法ノ事」「病ヲ除ク事」「看病人ノ心得ノ事」に当てている。例えば「健康法」では、健康を維持するためには「身体ハ本《もと》一定ノ法則ニ由テ其体ヲ成セルモノナレバ凡ソ人タル者常ニ心身ヲ労シテ其職分ヲ尽サンニハ必ズ此法則ヲ知ラザル可ラズ」として、その上で、食べ物のとりかた、よい空気を吸うこと、睡眠をよくとることなどを説いている。

また、明治十二年刊の福井孝治著『下等小学養生談』では、「養生の大要」と称して次の七つのことをかかげている。すなわち、「飽食を慎む」「不潔な空気を吸わない」「清潔にする」「酒・煙草を飲まない」「運動を怠らない」「過労を避ける」「過度に精神を労しない」というように表せる事柄である。これらは今でも常識の範囲であるが、この著者の病気や病人に対する考えがユニークなので、次にその文を紹介しよう。

「病人といへはただ気の毒に思ふのみにて誰人も天罰を被りたる罪人なりとは思はされ

とも其実は皆嘗て天の法則を犯したる罪によりて罰せられたるものにて……病人たるもの此理を暁《さと》らず唯病は天然に得たるものの如く病中に猶《なお》不養生をなして病に病を重《かさぬ》るは恰《あたか》も罪を得て獄に入り猶改めず獄中に罪を犯し重罪に処せらるると一般なり嘆息すべきことならずや」

さらに「……世の道理に暗き人は往々奸児に惑されて医者にも治療を頼まず暗雲に神を禱りて唯お蔭々々と御神酒やら御神水にて病を治せんと欲する人あり大なる心得違ひにて病の治せざるのみならず却て罰を蒙り病を重ぬるに至るべし」と読者を諭《さと》している。「下等小学」とあるので、読者は小学生であろうが、著者はむしろ一般の庶民を対象にして語っているようでもある。当時の庶民の病気に対する考えが本当にこのようなものであったのか、いささか疑問符をつけてみたい気もするが、あるいは実態であったのかもしれない。

細菌学を反映した国定教科書

学問の成果が教育界を通して広く一般の人々に影響を与える場合、その分野や時代によってそれに要する時間に差がある。では、細菌学の場合ではどうであっただろうか。

北里が帰国した明治二十五年の翌年に出版された『新定理科書』（文学社、図22）では

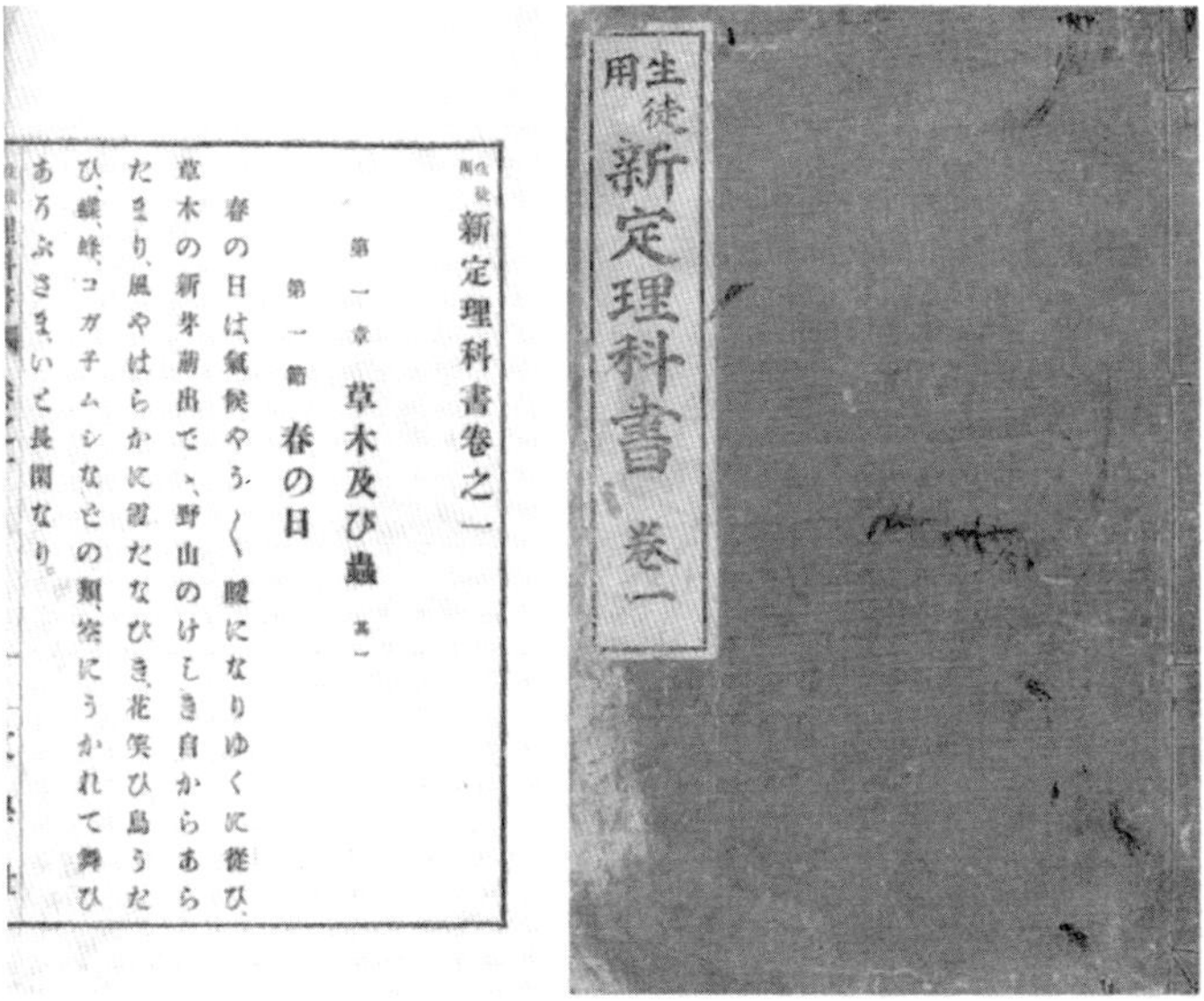

生徒用 新定理科書巻之一

第一章 草木及び蟲 其一

第一節 春の日

春の日は、氣候やう〳〵暖になりゆくに從ひ、草木の新芽萌出でゝ、野山のけしき自からあらたまり、風やはらかに霞たなびき、花笑ひ鳥うたひ、蝶、蜂、コガネムシなどの類、空にうかれて舞ひあそぶさま、いと長閑なり。

図22　明治中期の教科書『新定理科書』
（いまだ細菌学の影響は見られない）

「飲食物」「食物の調理」などという項目がある。これらが「生理」「衛生」などといくらか関係するものであるが、まだ細菌学の影響を受けたと思われる記述や内容は見られない。

細菌学の影響がある程度見られはじめるのは明治末である。『日本教科書大系』に収録されている第一期国定教科書『尋常小学理科書・六学年児童用』(明治四十四年)を見ると、五十三番目の項目が「衛生」となっていて、そこに次のような記述がある。

「身体を強くするには之を適当に働かしむべし。常に飲食物に注意し、身体衣服を清潔にするは、健康を保つに利あり、伝染病は人より人に伝はる病にして、微細なる生物が身体内に繁殖するによりて起る。衆人一致して清潔法、消毒法等を行ふを要す」

ついで、第二期(大正七年〈一九一八〉)でも五十八番目の項目「衛生」で、「伝染病は他より伝はる病にして、極めて小さき生物が身体内に入りてふゆる為に起る。伝染病を防ぐには、其の原因となる小さき生物のひろがるを防ぎ、之を滅せしむるやうつとむるべし」というように、ほぼ同じ内容がいくらか表現を変えて述べられている。

さらに、第三期(大正十一年)になると、四十五番目の項目「衛生」での表現にいくらか変化が見られている。前半はほぼ同じような内容であるが、それに続き、「又でんせんびやうといつて他から伝はる病がある。ペスト・コレラ・せきり・ちやうチフス・ジフテリヤ・はいけつかくなどはこれである。でんせんびやうは極めて小さい生物が体内にはびこる為に起こるのであつて、この生物は病人の体から出て、水や食物などか又は種々の動物によつて、他人の体に入る。さうしてだんだんに多くの人の間にひろがる。でんせんびやうを防ぐには、これを起す小さい生物のひろがるのを防ぎ、又この生物の無くなるやう、多くの人が一致してつとめねばならぬ」という文が記述されている。伝染病名が明確に示されているのである。なお、この表現は続く第四期（昭和四年〈一九二九〉）のものでも同じである。

このように、タイムラグ（時間差）はあるものの、当時、さかんになりだした病原細菌学の研究が教育界に反映されることになった。

コレラへの対応

一方、社会においてはどうであったか。ここでは、いくつかの流行病を具体例にして検討してみる。

日本ではじめてコレラが流行したのは文政五年（一八二二）、朝鮮を経由してのようである。まだ、伝染病という認識はなく、手の施《ほどこ》しようがなかったという。ついで、安政五年（一八五八）にも、長崎をきっかけに大坂、江戸などの都会ばかりでなく、東北地方にまで及ぶ大流行をきたした。二、三日のうちで死ぬことも珍しくなく、そこから「三日こ

図23　コレラ予防の一枚絵「虎列刺退治」

ろり」などといわれたそうである。もちろん、根本的な対策はなく、厄払《やくばら》いや神だのみをする程度であった。長崎にいたポンペも対策を立て、キニーネなどの服用を勧めたようである。また、蘭学者《らんがくしゃ》たちも木の実を焼いて邪気払《じゃきばら》いをすることなどを勧めていた。

明治になってもコレラは何回となく大流行した。コレラの病毒が悪臭・腐敗気の発散であると考えられていて、その対策として強烈な臭いのする石炭酸水《せきたんさんすい》が推奨されたし、車夫がそれを持参していないために警察に検挙される事件まで起こったといわれている。また、希硫酸水《きりゅうさんすい》が有効だとして、それを服用するものもいたという。

明治政府はこうした伝染病、特にコレラの大流行に直面し、医事衛生制度の整備の必要性を認識する。明治九年発足した内務省衛生局がそれを担当し、明治十年には「コレラ予防法心得」、明治十二年には「コレラ病予防仮規則」、さらに翌年の明治十三年には「伝染病予防規則」をそれぞれ布告した。これらの規則ではコレラ患者のいる病院や家では黄色い旗を出すことが義務づけられていた。そこから人々は黄色い旗を恐れたという（宗田一『健康と病の民俗誌』、健友館、昭和五十九年）。一方で、患者の家族側では、それを隠す傾向が出てきた。そこに衛生担当の警官まで登場し、取り締まるという事態が生まれることになる。

その対立を防ぐ意味もあって登場したのが、先の大日本私立衛生会の発足であったともいわれている。大日本私立衛生会では東京ばかりでなく、日本各地で衛生思想の普及のための通俗衛生演説会を催す計画を立てたという。そうした演説会の中でもコレラについての話も見られている（例えば、鈴木満次郎「コレラ忌べし恐る可からず」）。ついでだが、明治十九年に大阪で「オッペケペ節」で有名な川上音二郎《かわかみおとじろう》のコレラ退治の演説が中止を命じられる事件が起こったが、これはコレラの原因を不養生に、不養生の原因を不景気に、として民権論を展開しようとしたためといわれている（前出『日本科学技術史大系・医学1』）。

ちなみに、コレラ患者数（カッコ内はそのうちの死亡者数）を明治前半における三つの時期で比較してみると次のようである。

明治十年（「コレラ予防法心得」が出された年）は一万三千八百十六人（八千二十七人）、明治十二年（「コレラ病予防仮規則」の年）は十六万二千六百三十七人（十万五千七百八十六人）、明治十九年（川上音二郎の演説が中止させられた年）は十五万五千九百二十三人（十万八千四百五人）。

このうち、はじめの年はあとの二つの時期にくらべて少なく、人口一万人あたり約四人であるが、ほかの時期には急増している。あるいは統計の取り方にも問題があるのかもしれない。

やがて、コッホによってコレラの病原菌が発見され、その対策としての血《けつ》清《せい》療《りょう》法《ほう》が編み出されることになるが、日本では北里を中心に、治療、予防が展開されることになる。北里が帰国したあとのコレラの大流行は明治二十八年（約四万人死亡）、明治三十五年（約八千人死亡）、大正五年（約七千五百人死亡）、大正九年（約三千人死亡）などであり、徐々に被害も減少してきた。これには伝染病研究所を中心とする血清予防液製造・普及などの努力があったといえよう。

「肺病は遺伝する」

コッホが肺結核の病原菌を発見した一八八二年に、日本で「肺病、らい病、梅毒《ばいどく》、癲《てん》病《びょう》などの諸病は、親子相伝え、兄弟姉妹その質を共にして、これを免ること難し。これを遺伝の病という」という文（『時事新報』）を記した人物がいる。福沢諭吉《ふくざわゆきち》である。確かに肺結核はコレラや赤痢などと違って急速に広まるものではないし、その広がり方は同じ家族など近親者を中心に見られる傾向があったので、それが遺伝性であるというのは当時の常識ともなっていた。福沢はそれに従って表現したのであろうか。

肺結核は江戸時代には労咳《ろうがい》とか労瘵《ろうさい》などと呼ばれ、恐ろしい病の一つとして見られていた。西洋でもコッホが結核菌を発見し、その治療法を考え出すまでは、対応に苦慮し、せいぜい新鮮な空気を吸って十分な栄養を摂《と》ることが治療の道であると考えられていた程度である。明治三十一年に書かれた徳冨蘆花《とくとみろか》の小説『不如帰《ほととぎす》』でも、主人公の浪子《なみこ》が肺結核が伝染病であることを認めながら、なお遺伝性のことを気にする場面がある。

『不如帰』が出版された翌年、内務省が全国で肺結核で死亡した人数を調査しているが、その数は六万六千四百八人で、人口一万人当たり十五・三人、約七％の割合であったという。一方、石神亨『肺病問答』(明治三十八年)によれば、明治二十五年が六・四%、明治三十二年が八・一%であったという。なお、石神亨(一八五七〜一九一九)は伝染病研究所に勤めており、香港でペストが流行したとき、北里の命をうけて調査に赴《おもむ》いている人物である。

ドイツから戻った北里はコッホの治療法であるツベルクリンを用いるなど、その予防や治療に努力をする一方、人々への啓発活動にも力を入れた。明治三十四年から毎月のように『大日本私立衛生会雑誌』に肺結核の記事を載せたのもその一つである。翌三十五年の第一回日本連合医学会では「結核の予防及び撲滅」という講演を行なっている。

政府は明治三十七年「肺結核予防令」を発布し、公衆の集まるところでは、やたらに「たんつば」を吐かないように「たんつば」を入れる壺を備えるようにさせたが、これはすでに肺結核が伝染性のものであることを認識していたことを示している。

そうした認識が人々の間に広まりつつあったとはいえ、あいかわらず、結核菌に侵《おか》される人の数はそう簡単に減らなかった。特に農村から都会へ働きに出てきた人々の間では劣悪な生活・労働条件のもとで結核に感染発病し、やむなく帰郷、それが農村でも広まるという悪循環の状況が見られた。そうした「女工と結核」の関係を石原修《いしはらおさむ》(一八八五〜一九四七）は調査し、特に紡績工に結核に罹《かか》るものが多いことを大正二年の「国家医学会例会」で報告している。

病気に対する科学的知見が深まり、それが一般の人々に広まるだけでは実際の病気、特に伝染病などは防げるものではなく、社会的環境の改善が不可欠であることをこの結核をめぐる状況は示している。さらに、最近クローズアップされた「ハンセン病」の問題も、科学と社会（政治や教育を含めて）との関係を考えさせられることがらである。

今では抗生物質の使用など治療法の進歩、社会的環境の改善などもあって、かなりの伝染病の危険から解放されているが、ごく最近、ふたたび結核が流行のきざしを見せている。結核菌に限らず、薬剤耐性の病原菌や「新型肺炎」（ＳＡＲＳ）など新たな病原ウイルスが増えつつある現在、それらとどう向き合うかが問われているように思われる。

「食農」をめぐる状況

西洋の「食農」の紹介

近代生物学と「食文化」

古来、日本人は中国大陸や朝鮮半島などアジアで生まれ発達した「食文化」の影響も受けながら、日本列島の持つ気候風土に適した伝統的な「食文化」を築き、そのもとでの生活を営んできた。しかし、明治以後、近代化の波はこの「食文化」にも押し寄せることになった。本章ではそうした状況を、特に近代生物学がもたらした知識の影響に視点を当てながらながめてみることにする。

なお、本章のタイトルとしている「食」とは、食料の生産段階から加工・流通を経て消費の段階までに関連することがらを総称したものであり、「農」は特に「生産」段階を強調するためのものである。

パンと牛乳

前章で紹介したように、「医」の分野では「東洋の医」から「西洋の医」への大きな転換が新政府による法制化のもと実施されたが、「食農」の分野ではどうであっただろうか。ここでは、明治のはじめにおける「西洋の食」に対する人々の反応と「西洋の農」についての新政府の対応を紹介する。

今では、パンと牛乳で食事というのは珍しくない光景である。多くの日本人に馴染《なじ》みの「食」になったが、明治のはじめはどうだったのだろうか。そこで、小菅桂子『近代日本食文化年表』（雄山閣、昭和五十二年）、西山松之助他『たべもの日本史総覧』（新人物往来社、平成六年）、小野秀雄編『新聞資料明治話題辞典』（東京堂出版、平成七年）などを手がかりに探ってみた。

ご承知のように、「パン」はポルトガル語の「Pao」を語源にして、十六世紀後半にポルトガル人によって伝えられた「食」。その後の鎖国によって日本での広がりはお預けとなり、ふたたび顔を見せたのは幕末から明治はじめの「文明開化」の動きに合わせてであった。長崎の町年寄であった高島秋帆《たかしましゅうはん》がその実用化に着目し、さらにそれを韮山奉行《にらやまぶぎょう》の第三十六代江川太郎左衛門英竜《えがわたろうざえもんひでたつ》（一八〇一～五五）が学び、江戸に広めたという。

一方、横浜を舞台にし、万延元年（一八六〇）、内海兵吉《うつみへいきち》なる人物がはじめて日本人としてパン屋を開業している。当時、パンに不自由していた横浜居住の西洋人に買い求められたという。慶応元年（一八六五）、同じ横浜でイギリス人のクラークが「横浜ベーカリー」を開店した。この横浜ベーカリーには打木彦太郎《うちきひこたろう》という日本人が働いていたが、クラーク夫妻が亡くなったのち、それを継いで「ウチキパン」として独立した。今も、それは横浜元町で営業を続けている。

日本人でパンの製造販売をした者で有名なのは木村屋である。あの日本独特の「アンパン」は明治二年（一八六九）の作。また、翌年には精養軒《せいようけん》ホテルがパン部を設けてパンの製造に乗り出している。ちなみに明治十六年に東京で開業していたパン屋は十六軒とか。広がりを見せるのは明治三十年代からである。

一方、牛乳はどうであったか。古くは大化年代に、中国から乳牛が渡来し、酥《そ》と呼ばれる薬として乳が利用されたようであるが（『延喜式』）、いわゆる牛乳として飲まれるようになるのは開港後のことであり、搾乳所《さくにゅうじょ》がはじめて登場するのはやはり横浜。文久三年（一八六三）、上総出身の前田留吉《まえだとめきち》なる人物が開港で賑わう横浜で一旗揚げようとしたという。もちろん、庶民の口には入らなかった。こののち、明治四年に前田は東京の芝に牧場と搾乳所を開設したという記録が残っている。

それより一年前の明治三年には、西洋医の松本良順《まつもとりょうじゅん》が旧旗本の阪川常晴《さかがわつねはる》とともに赤坂で牛乳屋をはじめたという。それをきっかけに「政財界人が競って牛乳屋を経営」という見出しが先の『近代日本食文化年表』に載せられるほど、明治十年までの間に牛乳屋が広まったという。当時は生乳《なまにゅう》であったため腐敗しやすく、取り扱いには注意が必要であった。そこで東京府では「牛乳搾取人心得規則」（明治六年）を作り、安全性を求めた。なお、蒸気殺菌という方法は明治三十年代に入ってから導入されている。まさに、日本でも細菌学が活動をはじめた直後である。しかし、殺菌牛乳がはじめて法規化されたのは昭和二年（一九二七）である。いずれにせよ、牛乳が庶民の飲み物として広く普及するようになるのは第二次世界大戦後のこと、特に学校給食での「パンと牛乳」はその後の日本の「食」に大きな影響を与えている。

肉食の勧め～牛肉の味

「食」の文明開化としてどうしても取り上げなければならないのは牛肉であろう。これに関しても先の『近代日本食文化年表』などから関連する記事を拾ってみよう。

牛が日本へ導入されたのは古墳時代後期、朝鮮からである。以来、時代によって政治や宗教的立場などから牛肉を食することが禁じられたり、解禁されたりの動きはあったが、

図24　牛肉商（『東京商工博覧絵』下より）

明治新政府は肉食の奨励に転じた。先の『近代日本食文化年表』を見ると、明治五年の項に「明治天皇が肉食奨励のため『自ら膳宰に命じて』一月二十四日牛肉を試食」とあり、その解説に「我が朝にしては中古以来肉食を禁じられしに、恐れ多くも、天皇謂れ無き儀に思し召し、自今肉食を遊ばさるる旨宮内にて御定めありたり」（『新聞雑誌』正月刊行）とある。『新聞雑誌』がなぜこれを大ニュースとして報じたか。「当時日本は天武天皇の時代（六七三～六八六）の殺生禁断令によって肉食（牛、馬、犬、猿、鶏）が禁じられていた。明治天皇はその禁止令に終わりを告げたのである。日本が近代国家として世界に仲間入りをするため、政府は政策としてそれをニュースとして報じたのである」という。

そのころの『新聞雑誌』（明治四年五月創刊、のち明治八年一月に『あけぼの』と改題）には日本人に欠けている根気を養うのに肉食がよい（明治四年五月）とか、敦賀《つるが》県《けん》下で開店した牛肉屋への地元人たちの「牛肉は汚い」などの嫌がらせがあり、それに対して県庁から説諭された（明治五年十月）などの記事が載せられている。文明開化も肉食からという発想を誰が抱いたのかはわからないが、すでにそれ以前から牛鍋が考案され、横浜や東京では牛鍋屋が開業している。また、日本海軍が栄養食として牛肉を採用したという記載もある（明治二年）。さらに明治八年三月二十九日の『朝野新聞』には「近年は山間僻地の処女までが、牛を食はねば人間でないやうに思ふ程になりました。中々牛の歩みぐらゐではなく、鉄砲玉の如き世の進歩なり」とあり、地方でも牛肉を好む傾向が出てきた状況が紹介されている。明治十年には東京府下で牛肉屋が激増し、牛鍋屋も五百五十軒に達したという（前ページ図24）。

しかし、日本全体としては「パン食・肉食」への食生活の変化は見られず、多くは従来の「米食」中心の食生活を続けることになる。たとえ「医」の分野のように政府が強制的に変革を望んだとしても、全国の水田を潰してコムギ栽培のための畑にしたり、牧場にするなどは現実的にも無理な話であった。

岩倉使節団の見た欧米の「農」

明治四年から六年にかけて、岩倉具視《いわくらともみ》を団長とする視察団がアメリカ、ヨーロッパ各国を廻り、政治、経済、社会、産業などさまざまな状況を調査したことはよく知られている。その調査の一つに「農」も含まれており、かの地の土地（土壌）、農産物、農業システム、農業に関する研究・教育などの様子が報告された（久米邦武編・田中彰校注『特命全権大使・米欧回覧実記』全五冊、岩波文庫、昭和五十二〜五十七年）。この『実記』では、それぞれの国ごとに「農牧産物」という項が設けられているが、最後の方にある「総論」においても「第九十一巻・欧羅巴洲気候及ヒ農業総論」としてまとめて紹介されている。

その中で、国によって土地の肥沃度《ひよくど》が違い、一概に日本のそれと比較できないが、痩せているところでも「近代農業術ノ進歩ニテ、倍蓰《ばいし》ノ収穀ヲナスニ至リ、近年以国ニテ査考セル、各国農功ノ収穫ヲ表列スレハ（一「ヘクタール」ニ付テ）以国十「ヘクトリットル」（即チ反別六斗ノ作得）、米国十一「ヘクトリットル」以国ノ民ハ惰ニ、米国ノ民ハ濶大ノ地ヲ耕スルニヨル、……英国二十六乃至《ないし》三十「ヘクトリットル」（即チ反別一石八斗）英国ノ地、尤《もっと》モ耕野ニ適セス、惟《ただ》農業ヲ精勉スルニヨリ、此過量ノ収ヲナスニ至ル、……」と述べており、日本の農業技術の改善を促《うなが》している。なお、ここでいう「以国」とはイタリアのことである。

また、この「総論」では農業に対する職業観に触れ、ヨーロッパでも長くその業を賤職とみなしてきていたこと、しかし、近年になって、農業がすべての職業の本《もと》であり、国を興《おこ》すならば農業を奨励することが重要であるという認識が見られるようになってきたことを取り上げている。その上で理論と実践の両面を備えた農業関係者を育てる目的で作られるようになった農学校、農業大学校など、さらには農業試験場の設置や農業博覧会開催などの状況を紹介している。

農学校づくり～札幌と駒場

岩倉使節団の一行がアメリカを視察中の明治五年三月、東京芝の増上寺境内に開拓使仮学校なるものが開設された。これが、「ボーイズ・ビー・アンビシャス」の言葉で有名なアメリカ人クラーク（Clark, William Smith, 一八二六～八六）が教頭として勤めた札幌農学校の前身である。明治二年北海道開拓のために開拓使が設置され、黒田清隆《くろだきよたか》が中心となって開拓のあり方などが検討された。アメリカに渡って、かの地の開拓の実情を調査した黒田はアメリカのそれを範とすることを決め、アメリカから専門家を招き、現地での指導のほかに、とりあえず東京に学校を設けて人材の育成をめざすことにした。それが開拓使仮学校である。その意味では設置に当たっては岩倉使節団の「報告」とは直接関係がないといえるかも知れない。

「仮学校」の定員は官費五十名、私費五十名で、卒業後は北海道の開拓に従事することを義務とした。また、将来、北海道でともに家庭を築いて開拓に従事してほしいという願いから女学校も併設したが、必ずしもうまくいかなかったという。

明治八年、札幌に移転した「仮学校」は札幌学校、さらに翌九年に札幌農学校と名を改め、アメリカからクラークたちを招いて学生たちの指導に当たらせた（図25）。クラークはピューリタニズムの影響の大きいマサチューセッツ州アマスト大学に学び、のちに設置された州立アマスト農業大学校校長になった人物である。ちょうど、その校長職にあったとき、一年契約で弟子のホイーラー（Wheeler, Willam, 一八五一〜一九三二）およびペンハロー（Penhallow, D. P.）とともに来日することになった。前者は農場監督長のほか数学、工学を、後者は植物学、化学をそれぞれ担当した。

こうしてスタートした札幌農学校であったが、キリスト教精神にもとづくクラークの教育は幅広い文化人の育成という点で一定の貢献を果たしたが、北海道開拓という当初の目

図25　札幌農学校北講堂・中央講堂

的には必ずしも合わなかった。

札幌農学校は明治四十年、仙台に東北帝国大学が設置されたとき、その農学部とされたが、大正七年（一九一八）には地元札幌に北海道帝国大学が誕生し、その農学部に再編成された。

一方、「仮学校」が札幌に移転した前年の明治七年、内務省勧業寮内に農事修学場という施設が作られ、西洋の農学・農業の移植がめざされた。明治十年には新宿から駒場に移転することが決められ、修学場という名も農学校と改められ、翌十一年に開校した。駒場農学校である。アメリカ人を主体とした札幌の農学校と違って、駒場でははじめイギリスから専門家が招かれたが不適任と判断され、ついで医学と同様、ドイツの教師たちに変更された。そのドイツ人で近代日本農学の確立に大きな役割を果たしたと評価されている二人の御雇《おやと》い外国人教師がいる。一人が農芸化学、肥料学などで貢献したケルネル（Kellner, Oskar, 一八五一～一九一一）であり、もう一人が土地改良学のフェスカ（Fesca, Max, 一八四六～一九一七）である。

駒場農学校も札幌農学校と同様に、学制改革の動きによって東京農林学校、東京帝国大学農科大学、東京帝国大学農学部と名称を変えながら、今日の東京大学農学部となった。

生物学的「食農」研究と日本人

本節では「食農」に関連する生物学的知見がどのように作りあげられてきたか、それが日本にどのように紹介され、受け入れられ、さらに独自のものとして発展させられたか、さらにそうして得られた「知見」が人々にどのように広められたかなどを探ってみる。

植物栄養学と肥料学

ところで、「食農」に関連する生物学的知見といっても幅が広い。学問領域としては栽培植物に関しては植物栄養学、土壌学、植物病理学、害虫学、さらには植物遺伝学などがあるし、畜産についても動物栄養学、病理学、遺伝学など似たような分野がある。また、「食」の「消費」段階に話を進めれば食品としての栄養学なども視野に入る。

なお、第二章の「「生命」をめぐる状況」で取り上げた遺伝学は、「農」とのかかわりでは品種改良の際に大きな役割を果たしている。日本では稲の改良に当たって、メンデルの遺伝法則のほかに、ヨハンセンが提唱した「純系説」にもとづく選抜育種という方法が採用され、数多くの新品種が生み出されている。その詳細は他書に譲り、ここでは「農」に関する二つの事例を紹介しよう。

植物の栄養源は～水、土、腐植、空気？

一つの例として植物栄養学と関連する肥料学を取り上げてみる。

植物の栄養源をめぐっては、古くギリシャ時代にはアリストテレスが動物になぞらえ、植物は土の中にある「食べ物」を根にある「口」から取り入れるという説を唱えたが、科学的な目で検討がはじめられたのは十七世紀に入ってからである。ベルギーのヘルモント（Helmont, van, 一五七七～一六四四）はヤナギを用いた実験で「水」が栄養であるという説を立てたが、十八世紀にイギリスのウッドワード（Woodward）がいろいろな場所の水を使ってハッカを育てる実験から、栄養は水ではなくそこに含まれている特別な「土」の成分であるという新たな説を唱えた。

十八世紀の末には化学の研究も進み、空気の成分として窒素《ちっそ》、酸素、二酸化炭素などが、また植物体の構成元素としてもそれらが含まれていることが知られるようになり、研究者の関心はそれらの元素がどこから植物体に供給されるのかなどに向けられた。その中で、炭素の源に関して二つの考えが現れた。一つは腐植質（腐植栄養）説で、炭素を含めて植物の栄養はすべて土の中の腐植（植物の落ち葉や枯れ枝などが土壌動物や土壌微生物によって分解されてできた有機物）から得ており、土の中の灰分（無機物）はただ腐植の分解を促《うなが》す働きをしているだけであるという。しばらく、この考え方が一般に信じられていた。

もう一つは、空気中にある二酸化炭素（炭酸ガス）が植物体の炭素の源《みなもと》であるという考えであり、その可能性を定量的な実験で示したのがスイスのソシュール（de Saussure, 一七六七～一八四五）である（『植物に関する化学的研究』一八〇四年）。なお、彼は植物にとって無機塩が大切であるということも示唆しているが、植物体の窒素源を明らかにすることはできなかった。

腐植質説の壁が崩れるきっかけは、ドイツの化学者リービッヒ（Liebig, J., 一八〇三～七三）によって作られた。先のソシュールの実験結果などを参考にして、炭素源が腐植でなく、空気中の二酸化炭素であることや、ただ腐植の分解を促すのみの役割を与えられていた土壌中の灰分（無機物、鉱物質などともいわれる）が植物にとって重要なものであり、それが十分あれば植物は正常に育つが、農作物によって吸収されてしまうと、それらが土壌中に不足するので、肥料として土壌に戻す必要があるなどを提唱した（『農芸化学及び生理学における化学の応用』一八四〇年、など）。その際、特に燐酸《りんさん》とカリウムの供給が大切であるとした。

その後、水耕栽培などの研究から植物にとって必須な十の元素（炭素・酸素・水素・窒素・燐酸・カリウム・カルシウム・マグネシウム・イオウ・鉄）があること、このうち、「農」の世界では窒素・燐酸・カリウムの三つを主要な「肥料」として供給する必要があることが知られ、それらを研究対象とする肥料学が誕生することになる。

日本への肥料学の導入〜ケルネルとロイブの役割

明治維新以前、日本の「農」の世界では伝統的な農法と関連して、堆肥《たいひ》、厩肥《きゅうひ》、人糞尿《じんぷんにょう》、藁灰《わらばい》、魚肥《ぎょひ》などいろいろな形で「肥料」が供給されていた。そうした状況の一端は、幕末に日本を訪れたイギリスの園芸家フォーチュン（Fortune, Robert, 一八一二〜八〇）の「紀行文」からも知ることができる。彼は「風土に適した農業」という表現で、日本の農村で見られた藁や収穫したアブラナの茎などを燃やして灰にする様子などを紹介している（『江戸と北京——英国園芸学者の極東紀行——』三宅馨訳、広川書店、昭和四十四年。原書は一八六三年）。

図26　駒場農学校跡に残るケルネルの水田

江戸時代の農学者として有名な佐藤信淵《さとうのぶひろ》（一七六九？〜一八五〇）や大蔵永常《おおくらながつね》（一七六八〜一八六〇？）たちも植物の栄養や肥料に関する発言をしている。前者は『草木六部耕種法』（全二十巻、文政十二年〈一八二九〉脱稿、明治七年〈一八七四〉刊行）で伝統的な陰陽論《いんようろん》を踏まえ、近代科学的知見を取り入れた肥料論を展開しているし（木原均・筑波常治ほか著『黎明期日本の生物史』養賢堂、一九七二年）、後者は『農稼肥培論』（文政九年）で万物は「水」「油」「塩」「土」からなるが、そのうち「油」と「塩」は肥料として与えることが必要であるという考えを示している（日本科学史学会編、古島敏

雄責任編集『日本科学技術史大系・農学1』第一法規、昭和四十二年)。

西洋の植物栄養学・肥料学の本格的な紹介は、前節に紹介した駒場農学校を舞台に展開される。明治十四年にドイツから来日した化学者ケルネルは、学生たちに農学、農芸化学などの分野の知識やそれらの研究方法などを身につけさせるべく努力をした。その一方で、ケルネル自身は肥料学の研究を進め、その流れの中で日本の米作りにおける施肥の問題に関心を示し、明治二十二年、すでに駒場農学校から東京農林学校に改称されていたキャンパスの中の水田を使って、教え子で農林学校の教育に携わっていた古在由直《こざいよしなお》(一八六四〜一九三四)、森要《もりよう》太郎《たろう》、長岡宗好たちの協力を得て、窒素、燐酸、カリの施肥量による収穫量の違いを明らかにする比較試験を行なった。その結果、火山灰土の駒場の土壌では燐酸が不足していることが知られた。彼は、そのことは日本の水田一般にも当てはまるとして、水田に燐酸肥料を供給することの必要性を指摘した。今、駒場の地にその「水田」が残されており、筑波大学附属駒場中学校の生徒たちの稲つくりの場として使われている(前ページ図26)。

さらにケルネルは西洋では珍しい人糞尿の肥料としての価値に目を向けている。人糞尿は江戸時代からさかんに使われるようになっていた。特に、人口の多い都会の近郊農家では手に入りやすいこともあって、利用される割合が大きかった。そこで、ケルネルはその成分分析を行なって、その即効性など優れた点を指摘している。面白いのは、農民・都市住民・中等官吏・兵隊・生徒というように生活状況などの違い、また、普通の日本食・洋食など食べ物による違いなど、グループごとの人糞尿の成分比較を行なっていることである。その結果、燐酸は農民グループや日本食グループにくらべて兵隊・生徒グループや洋食グループのものに多く含まれているなど、グループによって異なることが明らかにされ、人糞尿を肥料として与えるときにそのことに注意する必要があることを指摘している。

ケルネルは明治二十五年に帰国したが、その後任として翌年、ドイツから来日したのがロイブ（Loew, Oscar, 一八四四〜一九四一）である。ロイブは弟子の麻生慶次郎《あそうけいじろう》（一八七五〜一九五二）とともに、植物の生育には石灰と苦土《くど》（酸化マグネシウム）の間では一定の比率が必要であるという考え（石灰・苦土率説、一九〇二年）を提唱したことで有名である。前出の筑波氏は、当時、来日したドイツ人について「フェスカが主に土質、ケルネルが肥料を研究したのにたいして、ロイブはそれらを結びつけ、土壌肥料学として成立させた」という位置づけと評価を与えている（『洋学史事典』の「ロイブ」の項）。

麻生はその後、植物体内の微量元素の研究、特にマンガンの分布と生理作用の関係を研究（大正六年〈一九一七〉）、それらの存在意義を提唱するなど、日本の農芸化学の発展に貢献している。そういえば、同じロイブの弟子に、ビタミンB_1の発見者鈴木梅太郎《すずきうめたろう》もいる。鈴木は当時、アスパラギンなど植物の窒素代謝の研究を行なっている。

ところで、日本で化学肥料が使用されるようになるのは明治十七年に高峰《たかみね》譲吉《じようきち》がアメリカから過燐酸石灰を輸入したのがきっかけであり、その三年後、東京人造肥料会社によってそれが製造されている。また、窒素肥料としては明治二十九年に硫安がオーストラリアから輸入され、明治三十九年には日本窒素肥料が創立され、四十三年から水俣《みなまた》で石灰窒素が製造開始されている。こうして、日本でも化学肥料を主とする「農」が登場することになる。しかし、文明化の名のもとに取り入れられた化学肥料が、今、土壌劣化という問題を抱え、再検討が迫られている。

ウンカ被害への対応

もう一つの例として農作物の病虫害に関連する研究分野を取り上げよう。「農」の世界にとって、異常気象や、それにも関連して生じる病虫害は大きな課題である。まだ、それらの原因生物（昆虫やカビなど）についての生物学的知識が不十分な時代には、人々は神のたたりなど超自然的なものに原因を求めるなどの対応をしてきた。江戸時代、日本の各地で見られた「虫送り」や「虫追い」の行事もその例である。

日本の「農」といえば「稲作」が重要である。かつて、その「稲作」では、しばしばウンカが大発生し大きな被害をもたらした。江戸時代には享保十七年（一七三二）と天明七、八年（一七八七、八八）に二回、それが原因で大飢饉が起こっている。また、明治に入っても三十年にウンカが全国的に大発生し、「米の平均減収率一割四分、総減収高六百万石、その金額七千五百円、多量の外米を輸入して漸く飢饉を免れ得た」（湯浅啓温「明治時代に於ける作物害虫防除技術史」『農業技術』第二号、昭和二十一年〈一九四六〉。のち前出『日本科学技術史大系・農学1』所収）という記録が残されている。

このウンカ大発生に対しては、すでに江戸時代から見られていた水田に油（ナタネ油や鯨油）を注ぎ、害虫をそこに払い落として死滅させる方法（注油法、大蔵永常の『除蝗録』文政九年にも紹介されている。次ページ図27）がとられることになった。今から見れば原始的な方法であるが、当時はそれ以外に適当な駆除方法がなかったし、案外合理的な方法であった。政府は鯨油《げいゆ》、灯油、原油などの使用を指示したが、不足する地域も出た。しかし、もし、この注油法による対策が採《と》られなかったら、さらに被害は広がっていたであろうと思われる。

図27　鯨油によるウンカ駆除
（大蔵永常『除蝗録』より）

そのウンカの仲間、生物学的にはセミ類やカメムシ類、あるいはヨコバエ類などとともに半翅目《はんしもく》に属している昆虫である。その中のウンカ科、日本では約百種が記録されているというが、イネの害虫としては体長四〜五ミリ程度の小型のヒメトビウンカ、セジロウンカ、トビイロウンカなどが重視されている。幼虫、成虫ともにイネから汁を吸い取り、イネを枯らす。

萎縮病とヨコバエの関係

ところで、イネの害虫にはウンカのほかにも、優に百種類を超す昆虫たちがいる。先にあげたカメムシ類やヨコバエ類もそれに含まれるし、有名なものではメイチュウ類がいる。その上、イネにはカビ・細菌やウイルスなどによる病気が日本だけでも五十種類ほど知られている。その代表格はイモチビョウキンによるイモチ病であるが、ここでは昆虫とも関係するウイルスによる萎縮病を取り上げてみよう。それは、以下に紹介する研究が「植物病毒の虫媒伝染を証明した世界で最初の業績だといわれている」（筑波常治、前出『日本科学技術史大系・生物科学』所収）からである。

萎縮病は根が地中方向に伸びずに、地表に這《は》う形になり、生育が悪く、穂も伸びずに枯れるイネの病気である。その原因をめぐっては早くから気候の乾燥、肥料の過多など諸説があったがはっきりせず、そのため適切な防除もできないままであった。明治十六年以降、中部・近畿・中国の各地方ではしばしば大きな被害をもたらしたという。

そこで、明治二十六年、東京帝大農科大学教授の玉利喜造《たまりきぞう》と滋賀県尋常師範学校教諭の佐久間義三郎《さくまぎさぶろう》が計画し、滋賀県下の水田を使って萎縮病原因解明の研究を開始した。その後を受けて、同じ師範学校教諭の高田鑑三《たかだかんぞう》がいくつかの比較実験区を設けて栽培を試み、その結果、「予想の如くヨコバイの一種類を入れたる区には一坪四十八株中三十余株の萎縮稲を生ぜしにも関らず其他の区に於ては壱株の萎縮さへなかりき、是に由て此のヨコバイの一種類こそ真に稲の萎縮病を誘起すべき主源因なることを知るに至れり」と報告している。ただし、ヨコバイが根や葉を害することによって起こるのでなく、「最初は根部健全自由に蔓延し其作用を営むと雖も一旦害虫に由て茎節を刺衝せられ害毒を輸送せらるるにより茎葉萎縮し根より吸収せる養分上昇する道なく遂に分蘗し分蘗したるもの又萎縮し其病毒体中に弥蔓するに至り遂に根部に及ぼし枯死するに至るものなるべし」（高田「萎縮病稲試験成蹟」『大日本農会報』第一七一号、明治二十八年）として、「病毒」という言葉で病原を表現している。

ウイルスが発見されたのは一八九八年、ともにコッホの弟子でジフテリア菌発見者のレフレルと獣医学者のフロッシュによって、ウシの口蹄疫《こうていえき》の病原が細菌濾過器を通過することを見出したことによる。その大きさ、わずか二一ミリミクロン。光学顕微鏡では確認できない。翌年（一八九九年）にはオランダのベイエリンクによって、タバコのモザイク病の病原も濾過性であることが報告されている。タバコモザイクウイルスの発見である。長さ三〇〇ミリミクロン、幅一八ミリミクロンのこのウイルスは、のちにスタンレーによって「ウイルス蛋白《たんぱく》」として取り出され、ウイルスは生物か無生物かをめぐって論争が展開されることになる。

いずれにせよ、高田の時代には萎縮病がウイルスによるものであることなどわかろうはずはない。虫媒による「病毒」の伝染であることを証明した点で十分優れた成果であった。

こうした病虫害を防ぐためには病原菌や害虫などについての知識を豊かにすることが必要である。そうした認識が当時の研究者たちの間に見られるようになる。日本の昆虫学の先駆者とされる札幌農学校出身の松村松年《まつむらしょうねん》（一八七二〜一九六〇）もその一人である。

基礎的研究の必要性

松村が学んだ札幌農学校ではアメリカの農学を取り入れている関係で応用面に力が入れられたといわれているが、彼は応用面のみでなく、基礎的な昆虫の分類にも力を入れ、それまで邦文で書かれた昆虫書がほとんどなかったころ、『日本昆虫学』（明治三十一年）としてその成果をまとめており、昆虫学の普及に貢献したとして評価されている。

一方、応用面では翌三十二年に『日本害虫篇』を著していて、その「緒言」の中で、ウンカ（当時、「浮塵子」という漢字が使われていた）など害虫による被害の惨状を紹介し、害虫を駆除するためには、それら害虫の習性をよく知るなど昆虫についての調査研究が必要であることを強調している。しかし、実際の調査においては飼育法も十分確立していないなど困難なことが多いことも指摘している。

日本では江戸時代から本草学《ほんぞうがく》の一部として昆虫に関する知識が得られていたが、近代的な昆虫学は、松村が学んだ札幌農学校の流れのほかに、駒場農学校、東京農林学校などを経て設立された東京帝大農科大学の流れを通しても導入される。そこでは理学部生物学出身の石川千代松《いしかわちよまつ》や佐々木忠次郎《ささきちゅうじろう》（一八五七〜一九三八）たちが学生たちの指導に当たった。

明治三十八年、その佐々木や松村、そして名和靖《なわやすし》らが発起人になって日本昆虫学会が発足している。そのめざすところは「……此等諸項ノ事実ヲ研鑽シ、知識ヲ啓発シ、自然ノ微公ヲ闡明《せんめい》シ、造化ノ秘密ヲ探求シ、因テ以テ益虫ヲ保育シ、害虫ヲ抑滅セハ、吾人ノ社会ニ貢献スル所ノモノ、決シテ尠少《せんしょう》ニアラザルベシ……」というものである。なお、発起人の一人、名和はすでに第二章の「「生命」をめぐる状況」で紹介したように、私費で昆虫学および害虫学の普及をめざして名和昆虫研究所を設立（明治二十九年）した人物である。

人々への「食農」知識の普及

これまで見てきたように、明治政府は日本の近代化のために西洋の「農」の移植を積極的に行なったが、その舞台は大学であったり、試験場であったり、もっぱらエリートが集まるところであった。では、実際に農業に携《たずさ》わっていた農民や一般の人々への近代的「農」知識の普及はどのようなものであったのか。本節ではそのあたりの一端を紹介しよう。

学校教育における普及活動

一般の人々の中でも小学生レベルについて、義務教育化以後の明治二十年代から三十年代、そして明治末から大正期に出版された理科教科書のいくつかを手がかりに近代化の過程で人々への「食農」知識の普及がどのようになされたかをながめてみよう。それは当時、小学校段階では主として理科がその役割を果たしていたからである。

理科教科書の中には、今日のものと違っていろいろな農作物や家畜などが取り上げられている。穀物に関してはイネのほかにムギやダイズなどが名を連ねているが、ここでは主食穀物であるイネについて、その扱われ方を調べてみる。

「農」の中心としての「イネ」

イネはいずれの時期の教科書にもその形態や性質など理科的視点、あるいは栽培方法など農業的立場など簡単な記述ではあるが、何らかの形で登場している。その中で興味を引いたのは「イネ」と「米」の関係を尋ねていることである。すなわち、「米ハ木ニ生ズルモノナルカ、又ハ草ニ生ズルモノナルカヲ知レリヤ、米ハ草ニテ、沼ナドニ生ズルよし（蘆）ト同ジ種類ノいね（稲）ト云フモノノ実ナリ」「都会ニ住ム人ハ米ハ如何ニシテ生ズルカヲ知ラザルモノ多シ、サレバコレヨリ米ヲ作ル仕方ノ話シヲナサン」（三宅米吉・新保磐次『理科初歩有用ノ植物』東京金港堂、明治二十年〈一八八七〉）。

当時の子どもたちがどのような状況であったか、明確なことはわからないが、農村の子どもたちは別として都会の子どもたちは、ここに記されたような状況であったのであろう。実は同じような状況が現代の子どもたちにもあてはまる。米ばかりではない。自分たちが食べているものが、どこで、どのようなものから、どのようにして作られてくるかを知らないままの「食生活」を送っている。果たして、それでよいのか。著者はその改善策として以前から子どもたちへの「食農教育」（生産段階から加工・流通、そして消費段階までの学習）の必要性を指摘してきている（鈴木善次「環境教育として「食と農」をどう教えるか」『自然と人間を結ぶ　自然教育活動二十四』七巻五号、農文協、平成五年〈一九九三年〉）。

次に三十年代の教科書になると、イネの害虫の話が顔を出すようになる。「イナゴは、……顋《あご》にて稲の葉をかみ食ふ」「イチモンジセセリは……其の幼虫をハマクリ虫といふ。稲の葉を巻きて、其の中に住み、時時出でて之を食ふ」「イネノズイ虫は、幼虫の時には、茎中に居て、髄を食ひ枯らし、長ずれば、出でて葉に卵を産み落す」「ツマグロヨコバヒの雄は、……好んで稲の汁を吸ふ。ヨコバヒに、種類多し。すべて此等を浮塵子（ウンカ）といふ」（棚橋源太郎・樋口勘次郎『小学理科教科書・児童用』、明治三十三年）。

イネの害虫の話は、その後、国定教科書（『尋常小学理科書』五学年児童用、明治四十四年）になり、いくらか詳しく取り上げられている。ここでは、「みどりうんか」「ずゐむし」がそれぞれ図入りで説明されている。前者については「之を除くには、捕虫網にて捕へ、或は田の水面に油をまきて其の上に払ひ落す」、後者に関しては「其の蛾を燈火にて誘ひ殺し、又ずゐむしの棲める茎を取りて焼棄つ」という内容の防除法を紹介している。こうした記述は大正七年（一九一八）の第二期、大正十一年の第三期のものでも大筋においては同じであった。ここでの防除技術はまだ「近代化」以前のものである。

いずれにしても、いちおう、主食の米を生み出すイネについて小学生なりの知識を身につけさせる試みはなされている。

栄養に関する知識の普及

「食農」の中で最終的な「消費」段階に関しては、栄養学上の知識の普及が問題になる。ご承知のように、現在では「家庭」科などで取り扱われるのだが、当時はやはり理科の中で扱われていた。今、その一端を紹介しよう。

明治二十代後半に出版された教科書（『新定理科書』文学社、明治二十六年）では、人間にとって必要な栄養素として、タンパク質、膠質、脂肪、デンプン、水、そして無機塩類中の食塩、炭酸カルシウム、燐酸カルシウムの三つが取り上げられ、それぞれがどのような食べ物に含まれているかが簡単に紹介されている。さらにこの教科書では「食物の調理」なる章が設けられ、食べ物を煮ることの目的やその作用までも解説されている。その「目的」は「大抵の食物は、煮ざれば無味にして食ふべからざるもの多く、又或は堅くして食し難きが故に、之を煮て柔かにし、以て消化し易からしむ。然《しか》のみならず、生の食物中には、黴菌若くは寄生虫の如き有害物を含むことあれども、一たび之を煮るときは、其毒皆死して、再び害を為す能《あた》はざるの効あり」であるという。このような調理の話が理科の教科書に載せられるのにはそれなりの理由がある。消化や殺菌作用のほかに、この「煮る作用」の話から純理科のテーマである水の沸騰から蒸気圧の話を導き出しているのである。

さて、国定教科書でも六年生で「食物」という項目があり、そこにデンプン、タンパク質、脂肪を「人の食物中のおもなる養分なり」として、それぞれについて構成元素やそれらが多く含まれている食物などの簡単な解説が加えられている。例えば、「たんぱくしつは炭素とさんそと水素との外にちつそをふくんでゐる。……とうふはだいづから製するものであつて、たんぱくしつが多い。……牛などの乳はたんぱくしつ・しぼうの外ににゆうたうといふたうるゐをふくんでゐる」（第三期国定教科書『尋常小学理科書』、大正十一年）という具合である。しかし、先の二十年代の教科書に出ていた無機塩類については紹介されていない。その点では一歩後退している。

ところで、無機塩類とともに栄養の分野で注目しておかなければならないのがビタミンであるが、今まで取り上げた小学校のものでは登場していない。もちろん、鈴木梅太郎《すずきうめたろう》によってオリザニン（ビタミン）が発見された明治四十三年以前には当然のことながら記述されるはずはないが、この国定教科書の第三期では十分紹介しうる時期である。

小学生には難しいという判断だったのか、中学校の「生理・衛生」関係の教科書では、ほぼ同じ時期のもの（岡村周諦『新撰生理衛生教科書』大正十年、および石川日出鶴丸『五訂石川生理衛生教科書』冨山房、大正十二年）に本文でなく、付録としてビタミンの記述がある（富樫、前出『理科教育史資料』）。

では、農民に対しての「食農」教育はどのようになされたのであろうか。小学校段階では前項に紹介したように理科などを通して行なわれたのであろうが、それ以上の年齢の人や実際に農業に従事している人たちに対してはどうだったのであろうか。

老農による普及活動

幕末から明治初期にかけて、農民出身者で従来の農法や新しい西洋の農法などについての啓発活動をする人々が現れた。この人たちを「老農《ろうのう》」と呼んでいるが、その一人に津田《つだ》仙《せん》（一八三七～一九〇八）がいる。彼は日本で早くに私立農学校である学農社農学校を開いている（明治八年）。そのめざすところはオーストリア留学中に学んできた西洋の農法を紹介し、在来のものとの折衷《せっちゅう》をはかり、国家富強の基を築こうというものであった。修業年限は四年、卒業生の多くは農学校の教員などを勤め、明治期の農業改良に貢献したという（高山昭夫『日本農業教育史』農文協、昭和五十六年〈一九八一〉）。津田といえば、『農業三事』（明治七年）なる著書でオーストリアのホーイブリング（Hoolbrenk, Daniel）の提唱した三つの方法を紹介したことで有名である。その三事の一つに人工交配がある。今、その一文を紹介すれば「麦の花一二点開し時細き竹竿又は毛類にて製したる器械を以て、軽々と其茎を揺動せば、其穂に盈《えい》たる花は、一分時の間の悉《ことごと》く開くなり。其時雌雄とも一時に気力を倍して、花粉乍《たちま》ち花心と交媾するなり」とある。一斉の開花を促《うなが》す方法のようであるが、果たして効果はあったのだろうか。いずれにせよ、当時、多くの人たちに関心を持たれ、多くの読者を獲得したそうである。

「老農」と呼ばれた人には津田のほかに、石川理紀之助《いしかわりきのすけ》（一八四五〜一九一五）、中村直三《なかむらなおぞう》（一八一九〜八二）、船津伝次平《ふなつでんじへい》（一八三二〜九八）などがいるが、ここでは船津について紹介しておこう。彼は先に紹介した駒場農学校に約十年間勤務し、農場の経営と学生の農場実習に携《たずさ》わった。その間、在来農法との調和をはかりながら、西洋農法の導入に努め、初期の日本の農学者に影響を与えた人物として評価されているが、広く農民のためにも西

図28　船津伝次平

洋の農業に関する知識の普及に努めた。彼の著書『稲作《いなさく》小言《こごと》=稲作チョボクレ節』(明治二十三年)は、人々に親しみをもってもらおうとして「チョボクレ節」というユニークな文章を用いている。例えば、イネの播種について「ひたした籾種　芽だしてまくのも　少しく芽先が　見えます位ゐハ妨げなけれど　三四分芽を出し　播きつけなさると　水中にさかだち　風雨にごろつき　芽腐れするやら　根ぐさりするやら……(中略)……馬鹿苗を出します……」という調子である。ついでだが、この著書で肉食への批判も行なっているので紹介しておこう。

「お米を廃して、肉食世界に改良しなさるる、拒むぢやなけれど、獣類何ほど繁殖なすとも値断が高くちや、下等の人民、喰ふこと叶はず、……(中略)……数年原野に、放牧するには、一頭飼育の六―七町余の地面を要すと、ヤレヤレ皆様、よくききなされよ、六―七町余に一頭位を飼ふよなことでは、三千八百余万の人民、匂ひを嗅ぐには足りるであらうが、喰ふにはたるまい」。これは現在の生態学からも指摘されていることがらであり、その視点からの肉食批判には鋭いものがある。

明治政府はこうした「老農」の活動にのみ頼っていたわけではなかった。

農学校の設置

明治二十七年、政府は地方の農民に農業に関する実務的な知識や技術を普及することをめざして「簡易農学校規程」なるものを公布した。すでにそれより早く、明治十六年に「農学校通則」が出され、それにもとづき各地に農学校が設置されていたが、そこでの教育が必ずしも現実の農業に適していなかったようである。例えば、松任《まっとう》農学校では、農場実習としてイネの栽培でなく、欧米から導入された野菜や果樹の栽培などが取り上げられたり、農芸化学の研究などが行なわれるなど、当時の農民、農業とは大きく隔《へだ》たった状況であったという（前出、高山昭夫『日本農業教育史』）。その改善策として「簡易なる方法に依り農事教育を施さんとする」という目的を掲げて登場したのが簡易農学校であった。高山氏によれば、この簡易農学校の設置は当時の文部大臣井上毅《いのうえこわし》の実業教育振興策の一環として生み出されたもので、スイスの「農業貧民学校」やドイツの「簡易農学校」など欧米諸国のものが参考にされているという。

では、実際に簡易農学校はどの程度日本各地に設置され、そこでどれだけの農民の子弟が学んだのであろうか。簡易農学校への入学資格は年齢十四歳以上、尋常小学校卒業程度とされているほかに、田畑五反歩以上有する者とか、耕地二町歩以上所有者の子弟などの条件がつけられていた。そうなると、小学校への通学さえ十分でなかった当時の農村の状況から判断すれば、多くの農民にとっては決して「簡易」なものではなかった。高山氏が『文部省年報』より作成した明治二十八年から三十一年までの「簡易農学校」の学校数、教員数、生徒数、卒業生数を示す表が先の著書に載せられているが、それを見るとはじめの年度では学校数十四校（公立十三校、私立一校）、生徒数七百七十五名（うち公立七百四十七名）、卒業生九十七名（公立のみ）、最後の年度では学校数三十二校（うち公立二十七校）、生徒数一千八百四十九名（うち公立千六百八十七名）、卒業生五百七十一名（うち公立五百二十三名）という状況で、やはり恵まれた農民の子弟の学習の場であったといえよう。

その後、明治三十二年に実業学校令が出され、それに連動して同年に「農業学校規程」が公布され、戦前まで続く農業学校が各地に設置されることになる。そこでは農業の専門科目、農場実習のほかに、修身や国語、算術、物理、化学などの教養、基礎科目もおかれ、農村における中等教育の意味あいを持つようにもなった。修身に関しては二宮尊徳《にのみやそんとく》の思想も動員された。

バイオロジーの将来展望と日本人——エピローグ

これまでに日本の近代、それも主として明治期を中心にしてバイオロジーに関する動向を検討してきた。はたして、日本の近代化にとってバイオロジーはどのような意味を持っていたのであろうか。プロローグでも述べたように、日本の近代化は科学文明への志向であった。著者は科学文明の特徴として「科学的思考を是とする思潮」と「科学技術の日常生活への浸透」の二つを上げることにしている。したがって、そのことが明治以降どのようになったかを検討することによって「近代化」の成否を知ることができるはずである。

「生命」「医」「食農」の近代化

これをバイオロジーの分野にあてはめれば、多くの人々が生命現象を「科学的」に捉《とら》えるという態度を抱くようになったのかどうかということであるし、日常生活の中にどれほど近代生物学の知見が活用された技術やその成果が利用されるようになったかということである。

これまでに紹介してきた日本人研究者は、ほとんどが「科学的思考を是とする立場」に立って、生命現象にメスを入れてきたと考えられる。そうした活動が人々にどう影響を与えたか。第二章の「「生命」をめぐる状況」の終わりでも述べたように、当時の人々の「態度」や「考え」についての直接的資料や文献を調査することができなかったので、残念ながらその実態を明らかにすることはできないが、丘浅次郎《おかあさじろう》の『進化論講話』がベストセラー・ロングセラーになったことや、近代生物学的立場から展開した永井潜《ながいひそむ》の『生命論』（洛陽堂、大正二年〈一九一三〉初版）がよく読まれたことなどから推察して、生命現象を「科学的」に考える人々が近代化の過程で増加したことは想像に難くない。それでも著者が子どものころ（昭和初期）には、人間を含めて生物と「魂」の関係はよく話題にのぼっていた。

最近の話になるが、過去、二十数年著者が担当してきた大学の生物学関係の授業においての調査では、多くの学生が「生物は進化してきたものであること」「生物はある意味で機械のようなものであること（「魂」によって生きているのではない）」という考えを抱いていた。もちろん、少数の学生は「神による創造物」「魂は存在する」などの考えを主張する。そして「わからない」という慎重派も存在する。

一方、後者については、「医」の分野では細菌学の進歩による伝染病の治療などに一定の効果を与えたし、「食農」の分野でも農作物の品種改良、肥料、農薬の「改善」などによって「食糧」の増産、確保に成果を生み出し、人々に歓迎された。その傾向は「近代」後の戦後においてもしばらく続くが、やがてＤＤＴなどの農薬による被害、あるいは化学肥料の多用による土壌劣化というデメリットの面が顕現化し、「農」の近代化への反省が生まれつつある。

「生命」「医」「食農」の総合化

著者がここで取り扱った時代以後、すなわち二十世紀後半、バイオロジーは急速に発達した。特に分子レベルでの生命現象の解明は飛躍的に進展し、それがきっかけで、いわゆる「バイオテクノロジー」の分野が登場することになった。こうした発展に重要な貢献をした研究者の中には日本人も何人か含まれている。バイオテクノロジーの初期のものとして登場した「遺伝子（ＤＮＡ）組み替え技術」は、はじめ遺伝子の物質的基礎であるＤＮＡの構造や機能を明らかにすることをめざした「科学」的研究の枠内で生み出された技術であったが、やがて、顕微授精などの生殖技術や細胞融合などほかの関連技術と組み合わされ、「食農」分野で、さらに「医」の分野へと広がりを見せたわけである。今や、本書で別々に取り上げた「生命」「医」「食農」は、バイオテクノロジーによってより総合的に捉えることが可能になった。

かつて著者も苦労したカブとキャベツなど異種間の雑種作りも、今ではこれらの技術を用いて比較的容易になしうるようになり、さまざまな新しい品種が生み出されているし、医療面でも遺伝子、細胞、器官などの諸レベルでの技術開発によって治療の幅が広げられている。

科学者・技術者の社会的責任と市民の役割

しかし、こうした技術開発はメリットばかりでなく、デメリットをも抱えていることが指摘されている。遺伝子組み替え作物による生態系の混乱や新タンパク質の産出によるアレルギー問題など、あるいはクローン技術の利用にともなう倫理問題などが浮び上がる。

今、「バイオロジー」「バイオテクノロジー」に関連する日本人研究者・技術者は数多く存在する。彼らはこうした問題をどのように認識しているであろうか。研究を行なうに当たっては、自分たちの研究結果が人間の思想面に、また政治・経済などを含めた社会にどのような影響を与えるかを推察し、少しでもデメリットの可能性が見出されるならば、その研究や開発を踏みとどまる姿勢を期待したい。それが科学者・技術者の社会的責任ではないか。

一方で、その専門家でない一般市民の側でも「バイオロジー」や「バイオテクノロジー」に関しての知識を深め、専門家との間でそれらの将来について話し合い、的確な判断をなしうる「力」を身につけておく必要があるだろう。

環境の世紀におけるバイオロジー

ところで、二十一世紀は「環境」の世紀といわれている。今までのような大量生産・大量消費・大量廃棄といわれる人間活動を続けていくと人間を含めて多くの生物にとっての環境が急激に悪化し、地球上での生存の危機が訪れるという認識のもと、「環境」に配慮した社会、いわゆる「持続可能な社会」の構築をめざそうというのである。その実現のためにはいろいろな方策があるであろうが、「バイオロジー」もそれなりの役割を果たすことができるはずである。

その中でも著者は、「自然界、そして生物界における人間の位置」についての人々の認識・理解を深めさせる、あるいは変更させるという役割を「バイオロジー」の柱である生物学に期待したい。「持続可能な社会」では資源やエネルギーを浪費しない「循環型社会」が求められているが、その「循環」は人間社会の中だけでは成り立たない。生物界を含めて「自然」界全体において「循環」を考える必要がある。いいかえれば、人間中心主義では生きていけない。人間は他の生物との「共生」があって、はじめて生存しうるということである。

すでにこれまでの生物学もそうした認識を人々が持つことに一定の役割を果たしてきたが、それは抽象的な段階に留《とど》まっていて、それぞれの地域で「共生」を具体化しようとすると戸惑《とまど》いもある。それは「共生」する仲間の「生物」についての情報が不十分だからである。これからはバイオロジーの中でもそうした情報の入手に役立つ分野の進展に期待したい。

あとがき

今から十年ほど前、『歴史文化ライブラリー』シリーズの一冊として「近代日本とバイオロジー」というタイトルでの執筆を吉川弘文館編集部からお勧めいただいた。もともと生物学の歴史、特に日本への生物学受容の問題に関心を持ち、いくつかの事例で、その受容の特徴をさぐる研究などをしていたので、これを機会に「日本の近代化にとって、あるいは日本人にとってバイオロジーはどのような意味を持っているのか」を考えてみようと思った。その背景には学生時代から抱いていた、「科学、大きく学問は何のために、誰のためにあるのか」という問題意識が存在していた。この問題意識は環境問題の顕現化に伴い議論されてきた科学技術のあり方にもつながることであり、勤務先であった山口大学での「人間環境論」や大阪教育大学での「環境教育論」の研究・教育の過程でますます強められた。

しかし、いざ書き始めてみると、多くの先行研究者たちの著書や資料などにあたる必要があり、また、自分の問題意識ともかかわって環境教育や環境保全活動などにかなりの時間を費やすことになり、なかなか筆が進まない状態が続いた。停年になり、いくらか時間的ゆとりもできた五年ほど前から構想を練り直し、「バイオロジー」という異文化に接した明治の人々がどのような反応を示したかに主眼をおいて書くことにした。その結果が本書であるが、先に示した私の問題意識への回答には程遠いものになってしまった。

ところで、この十年間で「バイオロジー」をめぐる状況は、この分野における科学と技術の境界を無くすほど大きく変化してきている。最近ではクローン猫の誕生も話題になり、分野は異なるが、今年は地震、大津波、あるいは台風など人々に大きな被害をもたらした自然現象も多発した。そうしたニュースに接し、あらためて科学・技術のあり方を考えさせられた。

本書にご登場願った多くの先人たちが抱いた「バイオロジー」、科学・技術の理想像はどのようなものであったのか。今回は、そこまで掘りさげることはできなかったが、「近代化」に役立つ科学・技術を目指したことは想像に難くない。では、もし彼らが今日のそれらの状況を見たとしたら、どう考えるであろうか。このことは私を含めて現代に生きる人々にとっても大きなテーマである。本書がそのことを考える一つの機会になっていただければ幸いである。

本書をまとめるにあたっては、文中で引用・紹介させていただいた著書・論文などの著者、また私との共同研究者のほか、ここでは一人一人のお名前を紹介する紙面のゆとりがないが、科学史、特に生物学史研究会の人々や私のかつての勤務先の関係者など、故人を含めて多くの方々に直接・間接にご指導・ご協力をいただいた。また、ヒルゲンドルフの写真の掲載にあたっては矢島道子さんに、資料の調査などでは大阪教育大学の石川聡子さんに、それぞれご配慮いただいた。これらの方々に心よりお礼申しあげたい。

最後になるが、この十年間、辛抱強く原稿をお待ちくださった吉川弘文館編集部の方々、特に初期のご担当だった杉原珠海さん、そのあとを受け継いでくださった大岩由明さん、そして最後の仕上げにご尽力いただいた伊藤俊之さんに感謝の意を表する次第である。

二〇〇四年師走

鈴木善次

著者紹介

一九三三年、神奈川県に生まれる
一九五六年、東京教育大学理学部生物学科卒業
一九五八年、同大学農学部農学科卒業
現在、大阪教育大学名誉教授

主要著書
日本の優生学　人間環境論　人間環境教育論
科学・技術史概論（共著）

歴史文化ライブラリー
188

バイオロジー事始
異文化と出会った明治人たち

二〇〇五年（平成十七）四月一日　第一刷発行

著者　鈴《すず》木《き》善《ぜん》次《じ》

発行者　林　英男

発行所　株式会社 吉川弘文館
東京都文京区本郷七丁目二番八号
郵便番号一一三―〇〇三三
電話〇三―三八一三―九一五一〈代表〉
振替口座〇〇一〇〇―五―二四四
http://www.yoshikawa-k.co.jp/

印刷＝株式会社 平文社
製本＝ナショナル製本協同組合
装幀＝山崎　登

歴史文化ライブラリー

1996.10

刊行のことば

現今の日本および国際社会は、さまざまな面で大変動の時代を迎えておりますが、近づきつつある二十一世紀は人類史の到達点として、物質的な繁栄のみならず文化や自然・社会環境を謳歌できる平和な社会でなければなりません。しかしながら高度成長・技術革新にともなう急激な変貌は「自己本位な刹那主義」の風潮を生みだし、先人が築いてきた歴史や文化に学ぶ余裕もなく、いまだ明るい人類の将来が展望できていないようにも見えます。このような状況を踏まえ、よりよい二十一世紀社会を築くために、人類誕生から現在に至る「人類の遺産・教訓」としてのあらゆる分野の歴史と文化を「歴史文化ライブラリー」として刊行することといたしました。

小社は、安政四年（一八五七）の創業以来、一貫して歴史学を中心とした専門出版社として書籍を刊行しつづけてまいりました。その経験を生かし、学問成果にもとづいた本叢書を刊行し社会的要請に応えて行きたいと考えております。

現代は、マスメディアが発達した高度情報化社会といわれますが、私どもはあくまでも活字を主体とした出版こそ、ものの本質を考える基礎と信じ、本叢書をとおして社会に訴えてまいりたいと思います。これから生まれでる一冊一冊が、それぞれの読者を知的冒険の旅へと誘い、希望に満ちた人類の未来を構築する糧となれば幸いです。

吉川弘文館

〈オンデマンド版〉
バイオロジー事始
異文化と出会った明治人たち

On Demand
歴史文化ライブラリー
188

2018年（平成30）10月1日　発行

著　者　鈴《すず》木《き》善《ぜん》次《じ》
発行者　吉川道郎
発行所　株式会社　吉川弘文館
〒113-0033　東京都文京区本郷7丁目2番8号
TEL　03-3813-9151〈代表〉
URL　http://www.yoshikawa-k.co.jp/

印刷・製本　大日本印刷株式会社
装　幀　清水良洋・宮崎萌美

鈴木善次（1933～）

ISBN978-4-642-75588-7